생각을 바꾸면
인생이
달라진다

지은이 · 예린홍   옮긴이 · 김경숙   펴낸이 · 박은서   펴낸곳 · 새론북스

편집 · 송이령, 김선숙   마케팅 · 권영제

주소 · (412-820) 경기도 파주시 교하읍 문발리 535-7 세종출판벤처타운 404호

TEL · (031) 978-8767 | FAX · (031) 978-8769

http://www.jubyunin.co.kr | myjubyunin@naver.com

· 초판 1쇄 발행일 | 2009년 9월 25일   · 초판 6쇄 발행일 | 2011년 5월 25일

ⓒ 새론북스

ISBN 978-89-93536-10-2(03320)

*책값은 표지에 있습니다. 잘못 만들어진 책은 바꾸어 드립니다.

Change your mind   Change your life

생각을 바꾸면
인생이
바꾸면
달라진다

예린홍 지음 | 김경숙 옮김

새론북스

머리말

인성人性이라는 말은 '동물의 본능과 구별되는 인간의 본성'이라는 뜻을 포함한다. 그리고 인성은 인간의 행동을 지배하기 때문에 인성에 따라 행동도 달라지는 법이다. 따라서 성공하고 삶의 질을 높이고 싶다면 인성에 대한 이해가 필수적으로 전제되어야 한다. 미국의 저명한 인성학자는 "인성을 이해한 사람만이 승리에 자만하지 않고 실패에 굴복하지 않는 평상심을 유지할 수 있다"라고 말했다. 또한 인성의 본질을 탐구하는 것은 인간의 정복 본능에서 비롯되었고, 이는 복잡한 사회에서 힘들이지 않고 여유 있게 살아가는 생존 전략과도 같다.

그러나 인위적으로 포장된 인성은, 돋보이기 위해 부풀려진 장점과 감추기 위해 꾸며진 단점의 거짓된 면만을 부각시킨다. 때문에 인간이 자신의 본성을 정복하고 인생을 성공적으로 경영하려면 반드시 본성에 대한 이해

머리말

가 필요하다.

　우리가 관심을 가지고 모든 사물을 바라보면 그 어떤 것에서든 배울 점이 있게 마련이다. 특히 우언고사寓言故事를 통해 우리는 인성에 대해 많은 것을 배우고 그 비밀을 풀 수 있다.

　이 책은 심오한 이론을 논하기보다는 우언을 통해 인성의 거짓된 면을 밝히고 독자들에게 그 본질을 이해시키고자 한다. 다만 당장 어떤 식으로 독자들을 변화시키겠다는 것이 아니라 천천히 깊이 깨닫게 하고자 하는 것이다. 이 책을 통해 뜻한 대로 인생을 살아갈 수 있게 하는 삶의 지혜를, 행복을 추구하는 큰 힘을 얻기 바란다.

OO1
탐욕의 노예가 되지 마라

인간은 탐욕을 자제하고, 자족하는 법을 배워야 한다. 자족하면 인생이 즐겁다!

잘 차려입은 한 신사가 큰 호텔로 들어가는 모습을 바라보며 거지가 불만을 터뜨렸다.

"운명은 너무 불공평해!"

거지는 그 멋쟁이 신사처럼 호텔에 묵으며 끼니때마다 맛있는 음식을 먹고, 호사스러운 생활을 할 수 있다면 세상을 다 가진 듯 더이상 바랄 것이 없으리라 생각했다.

바로 그때, 거지 앞에 운명의 신이 나타나 말했다.

"나는 운명의 신이다. 지금 네 소원을 들어주려 하는데 받아들이겠느냐?"

"물론이죠!"

"네가 원하는 만큼 황금을 채워줄 테니 메고 있는 자루를 내려놓아라. 단, 한 가지 조건이 있다. 절대 황금을 땅에 떨어뜨려서는 안 되느니라. 만약 황금이 땅에 떨어진다면 그 순간 돌로 변하여 너는 아무것도 얻지 못할 것이다. 네 자루가 이미 상당히 낡았다는 점도 명심하여라. 너무 욕심 부리지 말고 담을 수 있을 만큼만 적당히 담아라."

거지는 자신에게 이런 행운이 찾아오리라고는 꿈에도 생각지 못했다. 그가 황급히 낡은 자루를 벌리자 황금이 마치 빗방울 떨어지듯 후드득 자루 속으로 들어왔다. 자루는 순식간에 불룩해졌다.

"이제 만족하느냐?"

"무슨 말씀! 아직 부족합죠."

"네 자루가 찢어질 수 있다는 것을 명심하래두."

"그럴 일은 절대 없을 겁니다. 자루에 물건을 얼마나 담을 수 있는지는 제가 더 잘 알아요."

"그만하면 평생 배불리 먹고살 수 있을 것 같은데."

"아닙니다, 더 담을 수 있어요. 조금만 더 담을……."

그러나 거지의 말이 채 끝나기도 전에 자루는 부지직 소리를 내며 찢어져버리고 말았다. 결국 황금은 모두 땅에 쏟아져 돌로 변해버렸고, 운명의 신도 종적을 감추었다.

인간은 탐욕을 자제하고, 자족하는 법을 배워야 한다.

세상에는 소유하고 싶은 것이 너무 많고, 도처에 갖가지 유혹들이 넘실대고 있기 때문에 우리는 쉽게 욕망의 포로가 되거나 맹목적인 행동을 하게 된다. 인간은 더 많은 것을 소유하려고 안간힘을 쓴다. 그래서 맹목적으로 헛된 욕망과 허황된 꿈을 좇고, 심지어 차마 인간으로서 해서는 안 되는 일까지 서슴없이 저지른다. 횡령, 뇌물 수수, 절도, 강도, 사기, 도박, 마약 밀

수 등은 모두 탐욕에서 비롯된 것이 아닌가. 욕망 앞에서 노예가 된 자들은 법망을 피할 수 없다는 것을 잘 알고 있으면서도 요행을 바란다. 마지막으로 한 번만 더 한몫 잡은 뒤 깨끗이 손 털고 평생 만족하며 살겠다고 생각한다. 어찌 생각해보면 탐욕이 자신에게 많은 이익을 가져다줄 것도 같다. 하지만 어쩌랴, 탐욕의 문이 열려 그 안으로 일단 발을 들여놓는 순간부터는 그곳에서 헤어나기 어려우며, 열려진 문을 다시 닫기란 거의 불가능한 것을! 탐욕이란 인간의 본성 중 부정적인 일면으로, 인간의 영혼을 병들게 하고 마비시키는 독버섯 같은 존재이자 온갖 사회악을 불러일으키는 근원이다. 탐욕에 눈이 멀면 사람들은 이성을 잃고 마음속에 온갖 해악을 키우게 된다. 탐욕스러운 사람은 삶의 즐거움이 무엇인지 깨닫지 못한다. 그들은 지나친 욕망과 허황된 꿈 때문에 즐거움이라는 소중한 자산을 잃어버린 채 늘 불평과 불만을 입에 달고 산다.

온갖 유혹으로 출렁이는 세상 속에서 인간은 끊임없이 헛된 욕망을 꿈꾼다. 그렇다면 이 말은 곧 인간이 탐욕을 자제할 수 없다는 말인가? 물론 그렇지 않다. 탐욕을 자제하는 것은 마음에 달려 있다. 그러므로 마음의 눈으로 인간의 탐욕을 부추기는 것이 무엇인지를 정확히 볼 수만 있다면 욕망과 유혹에 전혀 동요되지 않을 것이다. '자족하는 사람은 즐겁다'고 하지 않는가. 그러나 욕망에 대한 집착이 클수록 인간은 자족과는 거리가 멀어진다.

자족하는 사람은 욕망에 집착하지도 않고 지배당하지도 않는다. 그들은 심지어 욕망을 아주 무의미한 것으로 여긴다. 때문에 자신의 욕망을 조금 채우게 되면 그것만으로도 행복해하고 더 많은 것을 바라지 않는다. 채울 수 없는 욕망은 깨끗이 포기해버리고 그것에 집착해 인생을 허비하지 않는다.

이야기 속의 거지가 운명신의 충고를 잘 받아들이고 자족하는 법을 알았더라면 그가 꿈꾸던 생활은 현실이 되었을지도 모른다. 하지만 그는 자족을 모르고 지나치게 욕심을 부리는 바람에 결국 아무것도 얻지 못했다. 요컨대 탐욕을 자제하는 일이 어려운 것이 아니라 자신을 자제하기가 더 어려운 법이다.

황금을 돌같이 여기라. 물론 보통 사람이 이러한 경지에 이른다는 것은 거의 불가능하다. 하지만 욕망과 유혹 앞에서 자족하고 탐욕을 버릴 줄 안다면, 진정 행복한 삶을 영위할 수 있을 것이다.

OO2
지나친 허영심

허영심이 지나치면 인생의 후회만 늘 것이다.

까마귀 한 마리가 고깃덩어리 한 점을 입에 물고 나뭇가지에 앉아 먹으려고 할 때였다. 이를 본 여우는 고기가 먹고 싶어 군침을 질질 흘렸다. 여우는 고기를 뺏으려고 잔머리를 굴리며 까마귀에게 말했다.

"저는 당신처럼 예쁘고 날씬한 데다 아름다운 깃털까지 지닌 까마귀는 처음 봐요. 만일 당신의 목소리가 외모만큼이나 아름답다면 당신은 새 중의 가장 아름다운 새가 될 거예요."

여우의 칭찬을 들은 까마귀는 기분이 좋아 어쩔 줄을 몰라 했다. 까마귀는 고기를 물고 있다는 사실도 잊은 채 입을 크게 벌려 노래를 부르기 시작했다. 그 순간 까마귀의 입에서 고깃덩어리가 떨어졌다. 여우는 기다렸다는 듯 땅바닥에 떨어진 고기를 잽싸게 주워 크게 웃으며 도망가버렸다.

정도의 차이가 있을 뿐, 허영심은 누구나 가지고 있다. 적당한 허영심은 자신을 발전시키는 긍정적인 역할을 하기 때문에 큰 문제가 되지 않지만, 그 지나친 허영심은 자신을 기만하도록 만들어 고통의 나락으로 빠지게 한다.

허영심은 지나친 자존심의 표현이며, 명예 때문에 주목을 끌고자 하는 비정상적인 감정의 표현이다. 허영심에 사로잡히면 체면만 중시하고 현실은 무시하여 결국에는 자신을 망치게 된다. 허영심은 인간의 욕구, 특히 존경받고자 하는 욕구와 관계가 있다. 인간은 성공, 권력, 권위, 명예, 지위, 명망을 추구하고자 하는 강한 허영심을 갖고 있다. 지나친 허영심에 사로잡히면 끝없이 욕심을 부리고, 심지어 자신의 능력 밖의 일, 부도덕한 일도 저지르게 된다. 그러므로 지나친 허영심은 금물이다. 반드시 적당하게 조절해야 한다. 그러기 위해서는 아래의 두 가지 방법을 염두에 둬야 한다.

첫째, 사람은 기본적으로 성실하고 정직해야 하며, 어떤 대가를 치러서라도 심리적 욕구를 만족시켜야겠다는 생각은 절대로 해선 안 된다. 일부 젊은 여성들은 물질적 욕망 때문에 소중히 여기고 지켜야 할 순결을 쉽게 버리는데, 이는 깊이 반성해야 할 일이다.

둘째, 내적인 아름다움을 추구해야지 헛된 명예를 탐해서는 안 된다. 동시에 자기 자신을 잘 알아야 한다. 즉, 자신의 장단점을 객관적으로 평가해 이상과 현실 간의 차이를 극복하기 위해 힘써야 한다.

허영은 자존심과 서로 연계되어 있고, 자존심은 주위의 평가와 관련이 있다. 그러나 자기 발전은 주위의 평가나 타인의 조건이 아니라 스스로의 노력이 원동력이 됐을 때에야 비로소 이룰 수 있다. 당신이 자신감과 인내심을 가지고 노력한다면 허영심을 극복하여 모두에게 존경받는 훌륭한 사람이 될 수 있을 것이다.

OO3
실패에 대한 궁색한 변명
실패에 대해 변명하지 마라. 변명은 현실에 대한 일종의 도피로 운명에 굴복하는 것이다.

너무나 굶주린 여우 한 마리가 몰래 포도밭에 들어갔다. 포도는 아주 탐스럽게 익어 있었고 햇빛을 받아 보석처럼 반짝였다. 여우는 먹고 싶어 견딜 수 없었다. 하지만 너무 높이 달려 있어 어떻게 해도 따먹을 수가 없었다. 한껏 약이 오른 여우는 이리저리 머리를 굴려보았지만 뾰족한 수가 생각나지 않았고 오히려 힘만 빠져 배만 더 고파졌다. 여우는 이리저리 맴돌다 결국 포기하고 포도밭을 나왔다. 여우는 스스로를 위로하며 투덜거렸다.

"저까짓 포도 누가 먹기나 하겠대? 보기에만 맛있어 보이지 분명 신 포도일 거야. 먹었다간 분명 이빨까지 썩어버릴걸. 차라리 안 먹는 게 나아."

우리는 살면서 종종 여우와 같은 상황에 처하게 된다. 좌절 앞에서는 자신이 손에 넣지 못한 것을 최대한 과소평가한다. 예를 들면 자신이 그렇게 가고 싶어 했던 명문 대학에 들어가지 못하고 평범한 대학에 들어가게 된 사람이나 팀장 승진에서 밀려 낙담한 이는 스스로를 위로하며 속으로 이렇게 변명할 것이다.

'오히려 잘된 일일지도 몰라. 거기선 정말 열심히 공부해야만 겨우 따라갈 정도로 경쟁이 치열하니 말이야.'

'승진해봤자 책임질 일만 많아지고…… 차라리 지금처럼 평사원으로 지내면서 홀가분하게 일하는 게 더 나아.'

이는 체면치레를 위한 변명일 뿐이다. 당신의 변명에도 불구하고 당신을 보는 주위 사람들의 평가는 바뀌지 않을 뿐만 아니라 오히려 그들은 당신을 비웃을지도 모른다. 따라서 변명은 자기기만이자 현실 도피다. 그럴 때일수록 겸허하게 실패를 직시해야 한다.

'열심히 노력하지 않았으니 명문 대학에 못 들어간 것은 당연한 결과야. 다음부터는 열심히 공부하겠어.'

'능력이 모자라 승진에서 밀렸으니 앞으로 능력 개발을 위해 최선을 다해야겠는걸.'

이런 생각을 한다면 당신은 성실하고 솔직한 이미지를 쌓아 실패를 딛고 더욱 발전할 수 있을 것이다.

세상에 핑계 없는 무덤이 어디 있겠는가? 지각하면 차가 막혔거나 시계가 멈췄고, 시험에 떨어지면 문제가 너무 어려웠다거나 문제가 너무 많았다고 핑계를 댈 것이다. 사업에 실패해도 성적이 떨어져도 온갖 핑계를 댈 것이다, 하지만 실패했다고 핑계 댈 이유는 없다. 만약 핑계로 잘못을 감출 수 있고 실패를 만회할 수 있다면 핑계를 댈 만하다. 그러나 핑계는 아무런 도움이 안 될 뿐만 아니라 자신과 남을 속이는 일이다. 핑계가 지각으로 지체

된 작업을 만회하고, 떨어진 시험에 붙게 하고, 금전적 손실을 메울 수 있는가? 전혀 그렇지 않다.

'신 포도 반응'은 현실 도피로 사람을 점점 더 소극적으로 만들 뿐이다. 그것은 전염병처럼 우리의 영혼을 병들게 하며 주변까지 부정적인 영향을 주고 당신이 잠재력을 발휘하는 데 큰 걸림돌이 된다. 당신이 불행히 '신 포도 반응'에 감염되어 제때 그것을 제거하지 못했다면, 핑계가 당신의 일하고자 하는 희망을 송두리째 빼앗아 가 자신감과 의욕을 잃게 할 것이다. '신 포도 반응'의 영향으로 어떤 사람은 일을 시작하기도 전에 핑계부터 찾는다. 즉, '난 이 일을 못해낼 거야'라고 생각하는 것이다. 그런 다음 눈을 감은 채 앞으로 다가올 수 있는 온갖 어려움들을 생각한다. 생각하면 생각할수록 자신감은 없어지고 자신이 잘 해내지 못할 이유만 무궁무진하게 떠올라 결국에는 포기해버리고 만다. 이렇게 우리가 '포기하는' 이유를 찾을 때 성공은 우리 곁에서 한 발짝 멀어진다는 사실을 아마 우리는 전혀 모를 것이다. 이 사실을 꼭 기억하자.

무슨 일이든 사전에 충분한 준비를 했더라도 성공하기 전까지는 언제나 실패의 가능성이 있다. 이때 당신은 어떻게 하겠는가. 온갖 이유를 대며 물러서겠는가, 아니면 용감하게 도전해보겠는가? 겁 많고 나약한 사람들은 물러설 온갖 이유를 찾을 것이고 용기 있는 사람은 적극적으로 도전할 것이다.

만약 용기 있는 사람이 되고 싶다면 실천하라. 행동으로 자신의 가치를 증명해보라. 실패가 두렵다며 이런저런 핑계를 대지 말고, '포기, 불가능, 역부족, 안 돼'라는 어리석은 말들을 인생의 사전에서 깨끗이 지워버려라. 핑계를 찾지 말고, 자신 앞에 놓인 시련에 굴복하지 말자. 고통을 인내하고 용감히 나아간다면 머지않아 자신의 가치를 발견하게 될 것이다.

004
사물의 발전 법칙을 존중하라

사물이 발전하는 객관적인 법칙을 어기는 것은 성공의 법칙을 어기는 것이다.

암탉 한 마리를 키우는 농부가 있었다. 그는 암탉이 알을 낳는 것에 큰 관심을 기울였는데도 암탉은 하루에 한 개만 낳았다. 성격이 급한 농부는 암탉이 더 많은 알을 낳기를 바랐다. 그래서 모이를 더 많이 주면 알을 더 많이 낳을 것이라 생각하고 전보다 두 배나 많은 모이를 주었다. 하지만 암탉은 농부의 생각처럼 되지 않았다. 농부는 실망하지 않고, 분명 모이의 양이 적어서 그럴 거라 생각하고는 더욱더 많은 모이를 닭에게 먹였다. 결국 암탉은 살만 점점 쪄갔고, 결국 하루에 한 개씩 낳던 알마저 못 낳게 되어버렸다.

중국에는 남녀노소를 막론하고 '서두르면 일을 그르친다'는 뜻의 '발묘조장拔苗助長'이라는 말이 있다. 이 고사성어는 위의 이야기와 함께 다음과 같은 뜻을 내포하고 있다. 즉, 사물은 저마다의 발전 법칙이 있다는 것이다.

만약 이 법칙을 무시하고 자신의 희망과 바람대로 일을 진행하면 정반대의 결과가 나타날 것이다. 다시 말해 서두르면 일을 그르치는 법이다.

법칙이라는 것은 객관적인 범주에 속하기 때문에 인간의 의지로는 바꿀 수 없다. 만일 인위적으로 이러한 법칙을 바꾼다면 결코 성공하지 못한다. 암탉이 알을 낳는 것뿐만 아니라 모든 일이 다 그러하다. 그러나 현실에서는 많은 사람들이 이런 기본적인 원칙을 무시한 채, 자신의 목표를 이루고 욕심을 채우고자 무모한 행동을 하여 정반대의 결과를 가져온다. 그리고 자신뿐 아니라 타인에게도 큰 손해를 입힌다. 예를 들면 과일이 자라고 익는 데에도 나름의 법칙이 있는데 농부들은 더 일찍 시장에 내놓을 욕심에 숙성제를 뿌린다. 그 결과 과일의 당도가 떨어져 시장에 내놓아도 팔리지 않아 더 많은 손해를 입는다. 이것이 자연법칙을 거스른 농부에 대한 '과일의 보복'인 것이다.

사람들은 누구나 지름길로 가고 싶어 하고 빨리 성공하고 싶어 한다. 지름길로 가는 것 자체는 나쁜 일이 아니다. 누가 가까운 길을 놔두고 굳이 먼 길로 돌아가려 하겠는가? 문제는 사물의 고유한 발전 법칙을 무시하는 것이다. 왜 우리는 그 법칙을 무시하고 더 빨리 성공하기 위해 발버둥치는 것일까? 왜 모든 것을 빨리 이루려고 하는 것일까? 답은 아주 간단하다. 이익에 눈이 멀었기 때문이다. 이익에 눈이 멀어 성공만 좇다 보면 우리는 너무나 많은 것을 잃게 된다. 사물의 자연적인 발전 법칙을 어기면 언젠가는 끔찍한 결말을 보게 될 것이다.

자연으로 돌아가 맑은 물, 푸른 하늘, 새들의 노랫소리와 꽃향기를 즐기자. 만물의 발전 법칙에 순응하지 않고 '발묘조장'한다면 상황은 더욱 나빠질 것이다.

OO5
외모로 사람을 평가하지 마라
일은 외모만 가지고 하는 것이 아니다. 반드시 실력을 갖추어야 한다.

숲 속의 새들이 '새들의 왕'을 뽑고 있었다. 후보 새들은 돌아가며 유세를 했다. 이윽고 꼬리를 치켜세운 공작이 자신의 아름다움을 한껏 뽐내며 자신이야말로 새들의 왕이 될 자격이 있다고 말했다. 실제로 공작보다 예쁜 새는 없었기에 모두 공작을 왕으로 추천했다. 그때, 까치가 입을 열었다.

"여러분 잠깐만요, 제가 공작 씨한테 몇 가지 물어볼 게 있는데 물어봐도 될까요?"

"물론 괜찮지, 물어볼 게 있으면 어서 물어봐."

"감사합니다. 공작 씨, 만약 당신이 왕이 된 후 우리가 적으로부터 공격을 받게 된다면 당신은 어떻게 우리를 보호하겠습니까?"

당황한 공작은 아무런 대답도 하지 못했다. 이 모습을 지켜본 새들은 공작을 자신들의 왕으로 뽑는 것이 과연 옳은 일인지 의심하기 시작했고, 결국은 공작 대신 독수리를 자신들의 왕으로 뽑았다.

누구나 아름다움을 추구한다. 부나 학식의 정도를 떠나 '아름다움'을 비하할 이는 아무도 없다. 그런데 사람들은 때때로 아름다움만 추구한 나머지 외모로 사람을 평가하는 실수를 범하곤 한다. 우리는 대체로 겉으로 화려해 보이는 사람에게는 경의와 부러움을 표하고, 소박하고 평범해 보이는 이는 무시하곤 한다. 대부분의 사람들은 외적인 이미지로 그의 교양과 능력, 학식, 성격, 신분 등을 판단할 수 있다고 여기지만 결코 그렇지 않다. 사실 외적인 이미지는 아주 제한적이고 단편적인 정보만을 제공하기 때문에 그것만 가지고는 한 사람을 다 안다고 말할 수 없다.

당신도 다음과 같은 황당한 일을 겪을 수 있다. 어느 날, 당신은 회사 사무실에서 멋지게 잘 차려입은 사람을 보고, 그가 한 번도 얼굴을 본 적 없는 본사 사장인 줄 알고 그를 깍듯이 대했다. 그런데 갑자기 사장실에서 평범하게 차려입은 사람이 나오더니 그에게 "이봐, 차 대기시켜!"라고 말하는 것이 아닌가! 얼마나 황당할까!

어떤 상황에서도 외모로 사람을 평가해서는 안 된다. 이것은 인생의 중요한 철학이다. 멋지게 잘 차려입었다고 해서 그들이 모두 능력 있는 사람이라는 보장은 없다. 또한 평범하게 차려입었다고 해서 그 가운데 인재가 없으란 법도 없다. 사람을 사귀든 인재를 선발하든 우선 상대방과 진지한 대화를 나누어야 한다. 외모가 훌륭한 사람이 질문에 아무 대답 못한다면 어찌할 것인가. 차라리 평범하게 차려입었더라도 실력 있는 사람을 뽑아야 한다. 겉만 번지르르한 '빛 좋은 개살구'를 등용해서는 결코 안 된다.

006
소신 있게 행동하고 부화뇌동하지 마라

타인의 생각에 따라 자신의 행동을 결정한다면, 자아를 잃은 타인의 노예로 전락할 것이다.

화가인 코끼리가 풍경화 한 장을 그린 후 그림에 대한 평을 들어볼 생각으로 친구들을 초대했다. 그림에 안목 있는 친구들이 하나 둘씩 도착했다. 먼저 유명한 미술 평론가인 악어가 자신의 느낌을 이야기했다.

"코끼리 형, 그림은 아주 훌륭해. 다만 나일강이 없어서 좀 아쉬워."

이어서 바다표범이 말했다.

"나일강은 없어도 괜찮아. 그런데 눈과 얼음은 어디 있지?"

지금까지 아무 말 없던 돼지가 입을 열었다.

"그림은 흠잡을 데 없이 완벽해. 근데 개인적으로는 그림에 배추를 그려 넣었더라면 더 좋았을 것 같아."

이내 친구들의 의견을 겸허하게 받아들인 코끼리는 그림에 친구들의 생각대로 나일강, 눈과 얼음, 배추 등을 모두 그려넣었다. 수정이 끝난 후 코끼리는 다시 친구들을 초대해 그들의 평을 들었다. 그러나 코끼리의 예상과는 달리 친구들은 경악했다.

"도대체 이게 무슨 그림이야, 완전 엉망이군."

사람의 지식과 능력은 유한하기 때문에 타인의 의견과 도움을 받아들이는 것은 일을 완성하는 데 필수요건이다. 사회에 막 진출한 젊은이가 자신이 몸담고 있는 세계에서 차림새, 언행, 사고 등 모든 부문에서 인정받으려면 되도록 주위 사람들의 생각에 맞추도록 해야 한다. 화가 코끼리도 주위사람들의 인정을 받기 위해 그렇게 행동했다. 하지만 무조건, 무비판적으로 타인의 의견을 받아들여 자신의 스타일을 잃는다면 이 또한 현명한 일이 아니다. 일을 하기 전에 타인의 반대에 전전긍긍하고, 타인의 의견을 자신의 생각보다 더 중시한다면 타인의 한 마디 한 마디가 큰 힘으로 작용해 자신의 생각을 지배하고, 결국 자아를 잃게 된다.

주관이 없는 이유는 자신감이 결여되었기 때문이다. 자신감이 없는 사람은 자신보다 타인을 더 믿기 때문에 타인의 시선에 신경을 쓴다. 이런 사람들은 자신이 선택한 일이 남들의 동의를 받지 못했을 때, 설사 자신이 옳다고 여기는 일이라도 실천에 옮기지 못한다. 그 결과 모든 일을 생각만 할 뿐할 건지 말 건지, 한다면 어떻게 할 건지 결정을 내리지 못한다. 소신 없는사람들은 지나치게 완벽을 추구하는 성향이 있다. 그들은 지나치게 완벽을추구한 나머지 완벽하지 못할 것 같으면 아예 시작하지 않는다. 사실 이것역시 자신감이 없다는 증거다. 자신이 맡은 일을 실패하거나 완벽하게 처리하지 못해 남들의 비웃음과 비난을 받게 될까 두려워하는 것이다. 그러나일을 성공적으로 끝맺기 위해서는 자신의 생각을 중심에 두고 타인의 생각은 그저 참고만 하면 된다. 중심이 흔들려서는 안 된다. 즉, 타인의 의견을 수용하되 소신을 지켜야 하며, 생각이 타인에 의해 좌지우지되어서는 안 된다. 이는 일을 시작하기에 앞서 우리가 반드시 명심해야 할 점이다.

그렇다면 어떻게 해야 타인의 생각에 지배당하지 않을까? 자신의 소신을 지키고 부화뇌동하지 않는 것은 쉬운 일이 아니다. 보통 사람들은 마음이 약해 타인에게 끌려 다니기 쉽다. 모두가 인정하고 지지하는 것에 반대하고 자신의 소신대로 행동하는 것은 상당히 어렵고 용기가 필요하다.

독립적인 사고방식, 생활 능력, 소신이 없으면 비즈니스나 생활, 존엄을 논할 수 없다. 사람들의 관점은 저마다 다르기 때문에 모든 사람들의 의견을 수렴한다는 것은 불가능하다. 그러나 타인의 의견을 참고로 자신의 소신대로 행한다면 무슨 일이든 순조롭게 풀릴 것이다. 반면, 무비판적으로, 무조건적으로 남의 의견을 받아들이기만 한다면 자신을 단련하고 표현할 수 있는 기회를 잃거나 주관을 잃게 될 것이다.

007
명리를 좇다 인격을 상실하지 마라

인격은 명예보다 고귀하고 이익보다 소중하다.

어느 날 금수들 사이에 싸움이 벌어졌는데, 날짐승이 이겼다. 그러자 박 쥐가 잽싸게 그들 쪽으로 날아가서 말했다.

"여러분, 축하드립니다! 사나운 길짐승들을 무찌르다니, 영웅 중의 영웅 입니다. 저도 날개가 있으니 날짐승이지요. 잘 부탁드립니다!"

새들은 전력을 보강하기 위해 새로운 일원이 절실했던 터라 기꺼이 박쥐 를 자신들의 편으로 맞이했다. 그러나 다음 전쟁에서는 전세가 뒤집혀 길짐 승이 이겼다. 그러자 박쥐는 얼른 길짐승을 찾아갔다.

"여러분, 축하드립니다! 날짐승들을 이기다니 정말 대단합니다. 저도 생 쥐와 같은 부류니까 길짐승이지요. 잘 부탁드립니다!"

그들도 흔쾌히 박쥐를 받아들였다.

그 후 박쥐는 길짐승이 유리하면 길짐승 편으로, 날짐승이 유리하면 날짐승 편으로 왔다갔다 하며 지냈다.

훗날 전쟁이 끝나고 금수들은 화해를 했다. 그리고 양측 모두 박쥐의 약
삭빠른 행동을 알게 되었다.

어느 날 박쥐가 새들의 영역에 왔을 때 그들은 냉정하게 말했다.

"넌 날짐승이 아니야!"

새들에게 문전박대를 당한 박쥐는 길짐승을 찾아갔다. 그러나 그들 역시
박쥐를 내쫓으며 말했다.

"넌 길짐승이 아니야."

박쥐는 부끄러워서 견딜 수가 없었다. 그 후로 박쥐는 한밤중에만 몰래
나와 먹이를 찾게 되었다.

이야기 속의 박쥐는 한마디로 줏대도, 의리도 없는 짐승이라고 할 수 있
다. 이런 기회주의적이고 원칙 없는 처세술이 당장에는 유리할 수도 있겠지
만 결국엔 자신에게 해만 될 뿐이다. 박쥐의 비극도 여기에 속한다. '양쪽에
줄을 대는 행동'은 사실 '명철보신明哲保身'이라는 실용주의의 다른 표현이
다. 이는 이익을 위해 자신의 인격을 버리는, 인성의 비애라 할 수 있다.

인격을 지키는 일은 세상에서 가장 위대한 힘이 필요하다. 자신의 인격을
존중해 함부로 행동하지 않고, 돈과 명예, 권력 때문에 자신의 인격을 팔거
나 비하시키는 행동을 하지 않을 수 있다면 누구나 사회에서 존경받는 인물
이 될 수 있다. 고상한 인격을 소유한 자는 부귀에 현혹되지 않고 빈천해도
뜻을 굽히지 않기 때문에 훗날 성공과 행복을 모두 얻게 된다. 이미 오래전
에 링컨이 세상을 떠났지만 사람들은 아직도 그를 기억하고 있다. 이는 아
마도 그가 생전에 공명정대하고 청렴결백했으며 인격을 소중히 보전했기

때문일 것이다. 새로운 일을 시작할 때 자신의 인격을 밑천으로 삼아 무슨 일을 하든 인격에 위배되는 행동을 하지 않을 각오가 되어 있다면, 훗날 명리를 다 얻을 수 있다고 보장할 순 없어도 결코 실패는 하지 않을 것이다. 반대로 인격을 상실한 사람은 당장에는 많은 이익을 얻을 수 있을지 몰라도 평생토록 성공을 유지할 수는 없을 것이다. 독립적인 인격을 상실한 사람은 인생의 여정에서 방향을 잃어 결국에는 버림받은 박쥐처럼 외로운 존재가 되기 때문이다.

인생이라는 긴 여정에서 모든 사람은 자신의 소중한 인격을 잃지 말아야 한다. 상황에 따라 목숨을 잃는다 해도 자신의 인격은 반드시 지켜야 한다. 인격은 명예보다 귀하고 이익보다 소중하다는 점을 명심하자.

008
의심은 정신을 피폐시키는 독약이다

타인의 동기와 목적을 의심하지 말고 믿음을 배워라. 그러면 인생의 어떤 시련도 극복할 수 있을 것이다.

도끼를 잃어버린 어떤 사람이 옆집 아이를 의심하기 시작했다. 그는 그날부터 매일같이 아이의 거동을 살폈는데, 걸음걸이, 말투, 표정 등 아이의 모든 행동이 도둑처럼 보였다. 어느 날, 산에서 나무를 하던 그는 우연히 그곳에서 잃어버린 도끼를 찾았다. 그리고 며칠 후, 다시 옆집 아이를 보았지만 전혀 도둑처럼 보이지 않았다.

당신은 이 이야기를 가볍게 듣고 웃어넘길지도 모른다. 하지만 깊이 생각해보면 도끼를 잃어버린 사람이 아주 큰 잘못을 저질렀음을 깨닫게 될 것이다. 그는 오산에서 비롯된 판단으로 아이를 평가했다. 자신의 추측과 억측으로 다른 사람을 판단한 후 자신의 부정적인 생각을 뒷받침할 근거를 찾으려 한 것이다. 하지만 결과는 그의 잘못으로 드러났다.

현실에서도 이런 일이 비일비재하지만 우리는 대수롭지 않게 생각한다. 누군가 당신의 잘못을 상사에게 고자질했다는 것을 알게 됐다고 하자. 당신은 우선 누군가를 지목하여 의심하고 그의 모든 면을 부정적으로 보기 시작할 것이다. 그리고 그의 거동을 예의 주시할 것이다. 보면 볼수록 그의 말과 행동이 예전과는 다르다고 생각될 것이고, 시간이 지날수록 자신의 추측에 더욱 확신을 갖게 될 것이다.

'그래, 저 사람이 틀림없어. 어제 내 앞을 지나갈 때 고개도 못 들었잖아. 도둑이 제 발 저리니까 날 의도적으로 피하는 거겠지.'

그러나 결과는 당신의 오판이다.

남을 의심하는 마음 때문에 우리는 이 같은 잘못을 저지르게 된다. 다른 사람은 변한 게 전혀 없는데도 단지 자신의 생각과 마음만 달라졌기 때문에 자신의 생각은 돌아보지 않고 남을 의심하는 것이다. 심지어는 자신의 그릇된 추측에 뒷받침할 근거를 덧대기도 한다. 의심이 많다는 것은 부정적인 심리 상태로 정신의 악성종양과도 같다. 이러한 심리 상태는 인간의 정신 건강을 해치고, 이성적 판단에 악영향을 주며, 주관적이고 편협한 사고로 내몬다.

타인의 동기와 목적을 의심할 때 당신에게는 고민과 고통만 늘 것이며 결국 주변 사람들로부터 버림받게 될 것이다. 당신의 근거 없는 민감한 반응과 끊임없는 의심을 참아줄 사람은 아무도 없기 때문이다. 다른 사람을 신뢰하고 자신을 반성할 줄 알아야 '도끼를 잃어버린 사람'처럼 어리석은 잘못을 저지르지 않을 것이다.

OO9
인내는 황금과 같다

인내는 큰일을 이루기 위한 일보 후퇴다.

어느 날 예언자 모하메드와 권투선수 알리가 길을 걷고 있었다. 이때 맞은편에서 걸어오던 사람이 알리를 예전에 자신을 속였던 사람으로 착각하고 그에게 욕을 퍼부었다. 알리는 그가 누구인지 전혀 몰랐으나 다투고 싶지 않아 아무 말도 하지 않았다. 하지만 상대방은 계속 욕을 해댔다. 결국 참다못한 알리도 그 사람에게 욕을 하기 시작했다. 그러나 상식적으로 마땅히 나서서 말렸어야 할 모하메드는 오히려 그 자리를 떠나버렸다. 나중에 모하메드를 뒤쫓아간 알리가 물었다.

"왜 그 사람이 저를 욕하도록 내버려 두고 혼자 가셨죠?"

모하메드는 말했다.

"자네가 그 사람의 욕설을 참고 아무 말 없이 있을 때는 자네 곁에서 열 명의 천사가 그 사람을 반격하고 있는 것을 보았네. 하지만 자네가 그 사람과 똑같이 욕을 하기 시작했을 때, 천사들이 자네를 외면하고 떠나버리기에 나도 그랬을 뿐이네."

타인이 무례하게 굴 때 침묵을 지키는 것은 자기 위안이 아니며 나약하고 무능한 행동도 아니다. 반대로 타인의 비난을 잘 참아내는 것은 고귀하고 보기 드문 훌륭한 인격의 발현이다. 이것은 고상한 사람만이 할 수 있는, 모든 저속함을 벗어버린 행위이자 성숙된 사상의 표현이다.

인내를 배우는 것은 쉬운 일이 아니다. 그렇다면 어떻게 해야 인내를 배울 수 있는가? 무엇을 가리켜 '인내한다, 인내를 할 줄 안다, 인내에 능하다'라고 하는 것인가?

인내를 터득하려면 인내를 전략으로 삼아야 한다. '작은 것을 참지 않으면 큰일을 그르칠 수 있다'는 속담이 있다. 인내는 뜻을 이루기 위한 수단이자 큰일을 이루기 위한 일보 후퇴지, 절대 인내를 위한 인내가 아니다. 적극적인 인내는 결코 자신을 낮추고 자아를 억누르는 것이 아니다. 단지, 고귀하고 독립적인 자아를 드러내지 않고 묵묵히 자신의 목표를 향해 나아가는 것뿐이다.

인내는 약함이 강함을 이기는 것, 부드러움 속에 강인함이 있는 것, 자신의 독립적인 인격을 희생하지 않는 것, 노예근성을 버리는 것, 눈앞의 안일과 이익을 탐내지 않는 것, 무능하지 않은 것, 그리고 삶을 포기하지 않는 것이다.

인내할 줄 알고 인내에 능한 사람은 아주 현명한 사람이다. 그들은 정도껏 인내하고, 최상의 방식으로 자아를 보호하고, 타인의 속임수와 음해를 피할 줄 알며, 인내를 몸과 마음 수양의 중요한 수단으로 여긴다. 송나라 사람 정이程頤는 말했다.

"인내할 수 있고 인내할 수 없는 것, 용서할 수 있고 용서할 수 없는 것을 분별할 줄 아는 지혜와 도량을 가진 사람이 진정 현명한 사람이다."

사소한 것에 쉽게 화내고 불평하는 자를 어찌 대장부라 하겠는가? 인내를 터득하고 인내에 능한 사람 곁에는 천사들이 함께하며 그의 보호막이 되어준다.

010
남을 비웃는 자는 남들의 웃음거리가 된다

남을 비웃을 때 남 역시 나를 비웃을 수 있다는 것을 알아야 한다.

어느 강가에 진흙 인형과 나무 인형이 살고 있었다. 오랜 가뭄이 계속되자 둘은 아침저녁으로 함께 지냈다. 그런데 함께 지내는 시간이 길어지자 나무 인형은 진흙 인형을 무시하기 시작했고, 틈만 나면 진흙 인형을 비웃었다.

이날도 어김없이 나무 인형은 진흙 인형을 비웃으며 말했다.

"너는 원래 강가 진흙이었는데 사람들이 그걸 뭉쳐 너를 만든 거야. 진흙 인형이 되었다고 우쭐거릴 것 없어. 8월에 비가 많이 내리면 넌 형체도 없이 사라지고 말 테니까."

진흙 인형은 대수롭지 않다는 듯 근엄한 목소리로 대꾸했다.

"신경 써줘서 고마워. 하지만 네가 상상하는 것만큼 그렇게 끔찍한 일은 없을 거야. 난 네 말대로 강가 진흙으로 만든 인형이니까 물살에 휩쓸려 뭉

개지더라도 진흙밖에 더 되겠어? 다시 말해 원래의 내 모습을 찾고 내 고향으로 되돌아가는 거지. 하지만 네 처지를 잘 생각해봐. 넌 원래 복숭아나무였는데 사람들이 널 깎아 나무 인형으로 만든 거잖아. 비가 내려 강가에 물이 불어나면 세찬 물살이 널 순식간에 휩쓸고 가겠지. 어디로 떠내려갈지도 알 수 없다구. 남 걱정 말고 네 앞가림부터 하시지!"

우리는 살면서 종종 자신의 장점을 지나치게 믿고 남보다 잘났다고 착각하여 자신도 모르게 남을 비웃는 때가 있다. 하지만 비웃음은 칼날의 양면 같아서 우리가 남을 비웃을 때 남 역시 우리를 비웃을 수 있다. 따라서 타인을 비웃기 전에 우선 자신에게 부족한 점은 없는지, 남을 비웃다가 부정적인 상황에 처하지는 않을지 잘 생각해야 한다. 그러면 남의 비웃음을 사지 않고, 겸손함을 배울 수 있을 것이다.

현실 속에서 우리는, 자신이 가졌기 때문에 못 가진 사람을 비웃고, 자신이 잘났기 때문에 어리석은 사람을 비웃으며, 자신이 완벽하기 때문에 상대방의 결함을 비웃는다. 우리는 상대방의 실수를 비웃을 때, 상대방을 어려운 상황에 빠뜨린 그 실수가 자신을 향해 '너도 다를 게 없어'라고 비웃을 거라곤 전혀 생각하지 못한다. 사람들은 자신의 동료를 비웃을 때 악의는 없었다, 웃자고 그랬다, 잠시 자신을 위로하기 위해서 그랬다고들 말한다. 비웃음을 통해 타인과 상황을 통제할 수 있는 쾌감을 만끽할 수 있기 때문이다. 그러나 자신의 즐거움을 위해 타인에게 상처를 주는 것은 큰 잘못이다. 이것은 부자가 빈자의 가난을 비웃어서는 안 되는 것과 같은 이치다. 가난은 그들의 잘못이 아니므로 그들도 존중받을 자격이 있으며 비웃음을 살하등의 이유가 없다.

우리는 다른 사람이 이야기하다 실수를 하거나 화제를 벗어났다고 해서 비웃어서는 안 된다. 그렇지 않으면 상대방의 자존심을 상하게 할 것이다. 특히 사람들이 많은 장소에서는 더욱 그러하다. 그리고 상대방이 없는 자리에서 그 사람을 헐뜯어서도 안 된다. 이는 상대방뿐만 아니라 자신에게도 해가 되는 것이다. 사람들이 당신을 험담하기 좋아하는 사람으로 여겨 경계할 것이기 때문이다. 만약 당신이 상대방의 신체적 결함을 가지고 농담하고, 타인의 인격과 고통을 무시하고, 함부로 상대방을 얕잡아보고 비웃었다면, 당신은 결코 용서받을 수 없는 죄를 지은 것이다. 그로 인해 당신의 영혼은 치욕의 십자가에 못 박혀 영원히 운명의 심판을 받게 될 것이다.

011
모르면서 아는 척하지 마라

모르면서 아는 척하는 것은 모욕을 자초하는 길이다.

당나귀가 숲 속을 걷다 우연히 종달새를 만났다. 종달새의 명성을 익히 들어온 당나귀는 웃으며 말했다.

"아름다운 종달새 아가씨, 친구들이 당신의 노래 솜씨를 칭찬하는 것을 자주 들었습니다. 당신의 목소리는 천상의 소리와 같아서 듣고 있으면 신선이 된 것처럼 즐겁고 날아갈 듯한 기분이 든다고 했습니다. 그래서 말인데 저도 아름다운 당신의 목소리를 한번 들어보고 싶군요."

종달새는 아주 예의 바르게 말했다.

"그렇게 간절히 부탁하시는데 어떻게 거절할 수 있겠어요? 기꺼이 당신을 위해 노래를 불러드리지요."

종달새가 노래를 부르기 시작하자 숲 속의 모든 동물들은 종달새의 아름다운 노랫소리에 취했고, 하루 종일 울어대던 개구리마저 귀를 쫑긋 세운 채 종달새의 노랫소리에 귀 기울였다.

종달새가 노래를 마치자 당나귀는 자신이 음악을 좀 안다는 듯 말했다.

"정말 훌륭합니다. 매우 아름다운 목소리군요. 하지만 저는 당신의 목소리보다 매일 새벽을 알리는 수탉의 홰치는 소리에 더 큰 감동을 받습니다. 당신이 수탉에게서 겸손함을 배운다면 당신의 노래 솜씨는 앞으로 일취월장하리라 믿습니다."

어처구니없고 모욕적인 말을 들은 종달새는 말없이 날아가 버렸고, 당나귀와 함께 자리에 있던 다른 동물들은 크게 웃음을 터뜨렸다. 당나귀는 영문을 알 수 없어 화를 내며 물었다.

"다들 왜 웃지? 내 말이 틀렸어?"

세상에서 가장 참기 힘든 것은 아마도 모르면서 아는 체하거나 조금 안다고 잘난 체하는 사람일 것이다. 살다보면 어리석은 당나귀처럼 행동하는 사람을 만나게 된다. 그들은 음악을 전혀 모르면서 아는 체하고, 화가의 그림이 무엇을 표현하고자 했는지도 잘 모르면서 그림에 대해 좀 아는 것처럼 이러쿵저러쿵 제멋대로 평가한다. 그들은 실력이 없을뿐더러 남을 함부로 평가하지 않는 사람보다 더 무지하다.

공자는 "아는 것을 안다 하고 모르는 것을 모른다 하는 것이 진정으로 아는 것이다"라고 했다. 배움의 자세와 사물을 대하는 태도에 대한 말로, 겸손하고 진지한 자세로 사물을 대하고, 아는 것은 안다고, 모르는 것은 모른다고 할 줄 알아야 한다는 뜻이다. 자신을 기만하고 남을 속이면서 모른다는 것을 숨기고 아는 체해서는 안 된다. 그렇지 않으면 스스로 화를 자초하게 될 것이고 당나귀처럼 남들의 비웃음을 사게 될 것이다.

문외한이 전문가인 척하는 것은 자신의 무지와 위선을 드러내는 행동이다. 이미 벌어진 일은 다시 수습할 수 없다. 그러하기에 당신은 모르면서 계속 아는 체하는 어리석음을 반복할 것인지 아니면 노력하여 실력을 갖추어 나갈 것인지 선택해야 한다. 이러한 인성의 취약점을 해결하려면 공부하는 수밖에 없다. 그렇다고 인상을 쓸 필요는 없다. 태어나면서부터 천문과 지리에 능하고 고금에 통달한 사람은 없다. 사람들은 끊임없이 학습과 탐구를 통해 자신의 부족한 점을 채워가는 것이다. 다른 사람에게 묻고 배우는 것을 부끄러워하지 않는 겸손한 자세만 있다면 지식은 쌓여갈 것이고 인생 역시 충만해질 것이다.

012
자신을 돋보이기 위해 남을 폄하하지 마라

자신을 돋보이기 위해 남을 폄하하면 결국 자신의 무능과 무지를 드러낼 뿐이다.

동물 나라의 봉황이 모범 일꾼 선발을 위한 의견을 구하기 위해 참새에게 물었다.

"이곳에는 많은 동물들이 살고 있다고 들었다. 그들 가운데서 모범적인 동물을 하나 추천할 수 있겠느냐?"

참새는 "짹짹, 어렵습니다"라고 말했다.

봉황은 "제비가 어떠냐? 모범적인 동물이 아니더냐?"라고 물었다.

참새는 품속에서 나뭇잎으로 만든 수첩을 꺼내 넘기며 말했다.

"짹! 오월 초하룻날, 제비는 깃털을 주인집 거실에 떨어뜨렸습니다. 사흗날에는 지푸라기로 주인집 정원을 어지럽혔고 엿샛날에는 진흙 덩어리를 주인집 문턱에 떨어뜨렸지요. 제비는 자격 미달이에요. 절대 안 돼요!"

"수탉은 자격이 충분한 것 같은데 어떠냐?"

봉황이 다시 물었다.

"짹짹! 수탉은 자격이 더 없어요."

참새는 수첩을 넘겨 기록해둔 것을 읽었다.

"유월 이렛날, 수탉은 일 초 일찍 홰를 쳤어요. 유월 아흐렛날에는 이 초 늦게 홰를 쳤고요……."

"그럼, 누렁이는 어떠냐?"

봉황이 꾹 참으며 다시 물었다.

"짹짹짹! 누렁이는 너무 사납잖아요! 잘 아시면서……."

참새는 수첩을 툭툭 치며 말했다.

"칠월 사흗날, 누렁이는 도둑놈을 쫓느라 주인집의 오이꽃 두 송이를 짓밟았어요. 팔월 스물하고도 사흗날에는 족제비를 잡으려다 닭들을 놀라게 해 한바탕 소동을 피웠지요."

봉황은 웃으며 "네 말대로라면 너희 가운데선 모범 일꾼을 뽑을 수 없겠구나"라고 말했다.

참새는 재빨리 "아뇨, 누가 없다고 그랬나요?"라고 말하더니 자신을 가리키며 "짹! 제가 있잖아요!"라고 말했다.

"참새, 너 말이냐?"

봉황은 한동안 침묵하다 참새에게 물었다.

"그렇다면 너에게 한 가지 묻겠다. 다른 사람의 실수에만 온통 그렇게 신경 쓰면 대체 네 일은 언제 하느냐?"

"저, 그게 말입니다……."

참새는 부끄러워 얼굴을 붉히며 자신의 둥지로 숨어버렸다.

참새가 남들의 단점을 작은 것 하나 놓치지 않고 세세하게 말한 까닭은 그들이 자격 미달이라는 점을 확실히 알려주고 싶었기 때문이다. 우리 주변에도 자신을 돋보이게 하기 위해 다른 사람의 단점을 끊임없이 떠들고 다니는 사람이 있다.

사람은 누구나 세상에 하나뿐인 귀한 존재다. 가정교육과 성장 환경이 다르기 때문에 사람들의 가치관이나 인생관이 다를 수 있고 처세와 언행에서도 개인차가 드러난다. 세상에 완벽한 사람이 어디 있겠는가. 개인의 단점을 찾아서 비난하는 일은 너무 쉽기에, 일단 단점을 찾으려고 마음먹으면 이것저것 꼬집을 점이 많을 것이다. 아무리 훌륭한 사람이라도 단점이 없을 순 없다. 남의 단점을 이야기하기 좋아하는 사람이 있는데 결국 이들은 자신의 좁은 속과 질투심을 행동으로 드러내게 된다. 남을 폄하하여 자신을 돋보이게 하려는 행동은 결국 자신의 무능과 무지를 드러낼 뿐이다.

남을 바라보는 객관적인 관점으로 자신을 들여다보면 자신에게도 단점과 부족함이 많다는 사실을 깨달을 것이다. 그런데 어떻게 남에게는 엄격하고 자신에게만 관대할 것인가? 중요한 점은 남이 무엇을 잘못했느냐가 아니라 자신은 잘하고 있는지를 아는 것이다. 남을 바라보는 시각으로 자신을 직시하고, 남의 단점을 지적할 시간에 자신의 발전을 위해 노력하자.

013
인생의 목표를 높게 잡아라

기존의 성과에 만족하지 말고, 목표를 높게 잡아야 더 높이, 더 멀리 날 수 있다.

어느 날 종달새가 하루 종일 나뭇가지 위에서만 폴짝폴짝 뛰어다니는 참새를 보고 물었다.

"참새 아줌마, 왜 더 높이 날지 않으세요?"

참새는 종달새를 흘끗 쳐다보고는 대답했다.

"내가 높이 날지 못한다고? 수탉을 보면 그런 말이 안 나올 거야."

종달새는 수탉을 찾아가 물었다.

"수탉 아저씨, 아저씬 왜 더 높이 날지 않으세요?"

수탉은 오만하게 지붕 위에서 팔자걸음을 걸으며 되물었다.

"내가 높이 날지 못한다고? 메추라기가 나는 것을 한번 보렴."

종달새는 이번엔 메추라기를 찾아가 같은 질문을 했다. 그러자 메추라기는 힘껏 풀숲에서 뛰어오르며 의기양양하게 말했다.

"내가 높이 날지 못한다고? 넌 두꺼비도 못 봤니?"

훗날 종달새는 독수리를 만나 물었다.

"독수리 아저씨, 아저씨는 왜 그렇게 높이 나세요?"

"아니, 전혀 높지 않아."

독수리는 겸손하게 말했다.

"창공까지 날아가려면 아직도 멀었단다."

"와, 이제야 알겠어요."

종달새는 고개를 끄덕이며 생각했다.

'날개를 활짝 펴고 더 높이 날기 위해선 목표를 낮게 잡아서는 안 되겠구나! 목표를 낮게 잡으면 영원히 창공과 구름 속을 날지 못할 거야.'

참새와 수탉, 메추라기는 눈높이를 아래에 두고 자신보다 못한 상대와 비교했기 때문에 자신이 높이 날고 있다고 생각했지만, 원래부터 높이 날고 있던 독수리는 아직도 더 높이 날아야 한다고 겸손해했다.

현실에서도 참새, 수탉, 메추라기처럼 오늘에 안주한 채 만족하며 살아가는 사람들이 있다. 이것은 '아Q식 정신승리법(「아Q정전」의 주인공 아Q의 자기 합리화 방법)'과는 다르다. 오히려 이들은 "난 대단해, 누구누구를 보라고, 그보다는 내가 낫지"라고 생각하며, 그 결과 자신이 보잘것없는 수준이라는 것도 깨닫지 못하고 안일하게 대충대충 살아간다. 눈높이를 낮추면 당신은 끊임없이 자신보다 못한 상대하고만 자신을 비교하게 될 것이다.

진취적이지 못한, 자신을 기만하고 남을 속이려는 생각은 정말 위험하다. 세상은 빠르게 변화하고 갈수록 경쟁이 치열해져 거기에 적응하지 못하면 도태된다.

역사는 우리에게 많은 것을 가르쳐준다. 예를 들어 중국은 과거 강성한 동양의 대제국이었고, 한때 세계 사람들도 중국을 동경했으며 중국인들도 자신들의 조국을 자랑스럽게 생각했다. 그러나 세계가 발전하고 세계 열강들이 중국의 개방을 주의하고 있었음에도 당시의 청나라 정부는 나라를 개방하지 않았다. 우물 안 개구리처럼 세상을 모른 채 스스로를 강대국이라 자처하며 발전을 위한 노력을 하지 않았다. 그 결과 침략자에 의해 영토가 분할되고 세계의 흐름에서 뒷전으로 밀려나야 했었다. 이처럼 현실의 치열한 생존경쟁에서 발전을 위해 노력하지 않는다면 일자리는 물론 삶의 터전도 잃게 될 것이다.

우리는 삶 속에서 자신의 힘으로는 도저히 바꿀 수 없는 현실과 불가항력적인 요소에 부딪치게 된다. 그럴 때는 포기하고 아Q처럼 마음을 다스려도 좋을 것이다. 하지만 노력을 통해 바꿀 수 있는 현실과 싸우는 것을 포기해서는 안 된다. 기존의 성과에 안주하지 말고 전진할 목표를 높이 잡아야 한다. 이렇게 해야만 더 높이 날 수 있고 아래로 추락하지 않는다.

'제비와 참새(연작)가 기러기와 고니(홍곡)의 뜻을 어찌 알리[燕雀安知鴻鵠之志]', 우물 안에서 본 하늘과 높이 비상하여 바라본 하늘은 전혀 다르다. 그 차이를 알고 싶다면 목표를 높게 잡고 하늘을 날기 위해 열심히 노력해야 한다.

014
시련에 처할수록 도전하라

시련을 꿋꿋이 이겨나가다 보면 어제의 실패도 오늘의 희망을 꺾지 못할 것이다. 비 온 뒤에 햇빛은 더 찬란하게 빛난다.

신들의 체면을 몹시 손상시킨 시시포스는 사후에 타르타로스(그리스신화에 등장하는 땅 밑에 있다는 암흑계 혹은 지옥을 말함)에서 언덕 위로 커다란 바윗돌을 밀어올리는 가혹한 형벌을 받았다. 시시포스가 죽을힘을 다해 겨우 바윗돌을 꼭대기까지 밀어올리면 바윗돌은 다시 굴러 떨어졌다. 바위는 아무리 밀어올려도 다시 굴러 떨어졌기 때문에 그는 이 일을 영원히 되풀이해야 했다. 신들은 이런 방법으로 시시포스를 벌하였고 그의 영혼을 괴롭혔다. 시시포스가 바윗돌을 산꼭대기로 밀어올리고 있을 때 신들이 나타나 그를 저주했다.

"너는 영원히 성공하지 못할 것이다."

그는 바윗돌을 밀어올릴 때마다 육체와 정신의 이중고를 견뎌내야 했기 때문에 너무나 힘이 들었다. 세월이 흐르고, 그는 신들에 맞서 싸우기로 결심했다. 바윗돌을 산꼭대기에 올려놓은 후 시시포스는 하늘을 향해 소리쳤다.

"고작 이런 일로 저는 쓰러지지 않습니다! 절대로 희망을 버리지는 않을 것입니다! 내일 또 바윗돌을 밀어올릴 것입니다!"

결국 신들은 시시포스를 벌하는 것을 포기하고 그를 하늘로 불러들였다.

누구나 살다보면 한 번쯤은 억울한 일도 당하고 시련도 겪는다. 그때마다 하늘을 원망하고 남을 탓하며 안절부절못하는 것은 아무런 도움도 안 된다. 우리는 뿌린 만큼 거둘 것이라는 진리를 믿고 하루하루 자신의 일에 최선을 다하며 운명의 도전을 받아들여야 한다.

심리학자들이 이런 실험을 한 적이 있다. 가진 것이라곤 레몬 한 개밖에 없을 때 당신이라면 어떻게 하겠는가? 어떤 사람은 '이젠 모든 게 끝이야. 운명은 너무 불공평해. 기회라곤 주지도 않잖아'라고 세상을 원망하며 자기연민에 빠질 것이라고 말했다. 또 다른 사람은 자신이 이번 시련에서 무엇을 배울 수 있을지, 어떻게 하면 현재의 시련을 극복할 수 있을지, 어떻게 레몬을 가지고 주스를 만들지에 대해 생각하겠다고 말했다. 과연 당신은 어떤 타입의 사람인가? 인생은 늘 평탄할 수만은 없기 때문에 누구나 좌절과 시련을 겪게 된다. 그러나 중요한 것은 어떻게 해야 시련 속에서 배우고 실패를 승리로 바꿀 수 있는가 하는 것이다. 그러기 위해서는 지혜가 필요하다.

시련에 처했을 때 결코 자신감을 잃어서는 안 된다. 당신은 세상에 둘도 없는 하나뿐인 존재이며 충분히 가치 있는 존재임을 잊지 말아야 한다. "생활이 당신을 100번 쓰러뜨리면 당신은 101번 일어서야 한다"라는 말을 바탕으로 당신의 특별한 가치를 실현해야 한다.

철학자 니체는 현명한 사람은 보통 사람이 참지 못하는 것도 참을 수 있고, 도전을 즐길 줄 알아야 한다고 했다. 도전이 없으면 인생은 밑바닥과 정상 사이의 굴곡도 없을 것이며 정상에 서서 아래를 내려다보는 희열도 만끽하지 못할 것이다. 무슨 일이든 처음 시작할 때는 결과를 전혀 예측할 수 없고, 사회적으로 인정받을 수 있을지에 대해서는 더더욱 알 수 없기 때문에 때론 남들의 비웃음과 반대에 부딪치게 될지도 모른다.

만약 당신이 성공의 열매만을 보고 그 밖의 다른 것을 보지 못한다면 작은 고통과 외로움도 견뎌내지 못할 것이다. 그러나 서두르지 않고 착실하게 역경에 맞서나가다 보면 행복을 누리게 될 것이다.

시시포스는 위대하고 현명했다. 그가 보통 사람들이 참아내기 힘든 일을 인내하고 실패를 승리로 바꿀 수 있었던 것은 지혜에서 비롯된 신념과 자신감 덕분이었다.

시시포스의 성공은 우리에게, 생존경쟁에서 강한 자는 번성하고 약한 자는 도태된다는 점과 혹독한 시련을 겪지 않는 한 강한 자가 될 수 없다는 대자연의 법칙을 말해주고 있다. 겉으로 볼 때 생활 속의 모든 고난과 좌절은 우리를 억누르는 무거운 짐 같지만 그 속에도 희망은 숨 쉬고 있다. 포기하지 않고 앞으로 나아가면서 자신이 가진 생명의 힘을 단련하고 시련에 굴하지 않는다면 어제의 실패도 오늘의 희망을 꺾지는 못할 것이다. 햇빛은 비온 뒤에 더욱 찬란히 빛난다.

015
현실에 안주하지 마라

절대 '채워졌다'고 생각해서는 안 된다. '채워지지 않은 듯'해야 끊임없이 발전을 추구하고 결국에 '채워지지 않은 것'이 '채워질' 것이다.

오랫동안 무술을 연마한 제자가 어느 날 문득, 스승에게서는 더이상 배울 것이 없겠다는 생각을 했다. 그래서 스승을 떠나기로 결심하고 하직 인사를 고하러 갔다.

"스승님, 소인이 이젠 스승님의 기술을 다 배웠으니 하산해도 되겠습니까?"

스승은 의기양양해하는 제자를 바라보고는 웃으며 말했다.

"가서 그릇에 돌멩이를 가득 담아오너라. 담을 수 있을 만큼 가득 담아야 한다."

제자는 당장 그릇에 돌멩이를 담아왔다. 스승이 물었다.

"가득 담았느냐?"

"가득 담았습니다."

스승이 땅에서 모래를 한 줌 집어 천천히 돌멩이가 담긴 그릇에 뿌렸지만 모래가 밖으로 넘치지 않았다.

"가득 담았느냐?"

스승이 다시 물었다.

"가득 담았습니다."

이번에는 물을 부었는데도 그릇은 넘치지 않았다.

그제야 스승의 뜻을 알아차린 제자는 그때부터 더욱 착실하게 스승 밑에서 무술을 연마했고 이후로는 하산하겠다는 말을 다시는 꺼내지 않았다.

영원히 채워졌다고 생각해서는 안 된다. 채워지지 않아야 끊임없이 노력할 수 있고 그래야 비로소 채워지지 않은 것을 채울 수 있다.

사람들은 자신이 이룬 작은 성과에는 매우 우쭐해하고 마치 커다란 성과인 양 대단하게 생각하면서, 다른 사람에게는 그런 배려를 절대 하지 않는다. 이것이 바로 우리가 평소에 말하는 자만인데 이러한 인식은 마음이 성숙하지 않다는 증거다.

보통 사람들이 성공하기 힘든 까닭은 너무 쉽게 현실에 만족하고 발전을 추구하지 않기 때문이다. 자만하는 자들은 평생을 일해도 겨우 먹고살 정도밖에 벌지 못하고 그러다 나이가 들면 죽음을 기다리며 인생을 마감한다. 때로는 자만하는 사람들도 자신의 처지를 개선하고 더 잘 살기를 희망한다. 그러나 만족하지 못해 고통스러울까 두려워 자신의 욕망을 최대한 억누르고 자신의 책임을 벗어버린다.

그러나 성공을 추구하는 사람은 다르다. 그들은 자신의 단점을 발견하기 위해 최선을 다하며 만족스럽지 못한 점을 찾고 개선을 목표로 삼는다. 그들은 잘못을 덮어 감추거나 자신을 자랑하지 않으며 객관적인 태도로 엄격하게 자신을 비판한다. 따라서 어떤 의미에서 볼 때 만족하지 않는 것이 인생 발전의 선결 조건이며, 만족하지 않는 자만이 제자리걸음하지 않고 성공의 길을 찾을 수 있을 것이다.

어떤 사람들은 마음속으로 이렇게 생각할 것이다.

'지금 내 생활은 행복하고 성공도 했으니, 이 정도면 됐어. 앞으로 해야 할 일은 현재의 상태를 잘 유지해나가는 것뿐이야.'

그러나 현상을 유지하려는 생각은 보수적인 태도이며 이는 결국 소극적인 태도로 바뀔 것이다. 그리고 과거에 가졌던 힘차게 전진하려는 힘을 잃어버리고, 발전은 멈추게 될 것이다.

영국 언론계의 풍운아인 런던 《더 타임스The Times》의 사장이 일한 지 3개월된 편집부 차장에게 물었다.

"자네는 매주 오십 파운드의 보수를 받고 일하는데 현재의 직위에 만족하는가?"

차장은 자신 있는 말투로 아주 만족스럽다고 대답했다. 그러자 사장은 그를 당장 해고시키고는 매우 실망스러워하며 그에게 말했다.

"내 직원이 매주 오십 파운드의 보수에 만족하고 발전을 추구하지 않는 것을 나는 원치 않네."

현재의 자신에게 만족해서는 안 된다. 세상에 '최고'란 없다. 단지 '더 나은 것'만 있을 뿐이다. 당신이 '더 나은, 더 높은' 희망으로 자신을 격려하고 시시각각 노력을 통해 자신을 초월해나간다면 더욱 밝은 미래를 창조할 수 있을 것이다.

016
계산하지 말고 관대하게 하라

원만한 인간관계와 평화로운 마음을 가진 사람은 많이 가졌기 때문이 아니라 세세하게 이것 저것 따지지 않기 때문에 평화를 얻는다.

17세기, 덴마크와 스웨덴의 치열한 전쟁에서 덴마크가 마침내 승리를 했다. 환호하던 덴마크의 한 병사가 갈증을 달래려고 물통의 물을 마시려는데, 어디선가 고통스럽게 울부짖는 소리가 들리는 것이었다. 그와 가까운 곳에 심한 부상을 입고 땅에 엎드린 스웨덴 병사가 그의 물통을 바라보고 있었다.

"나보단 당신이 물을 마셔야겠군요."

덴마크 병사는 그에게 다가가 자신의 물통을 건네주었다. 그런데 뜻밖에도 스웨덴 병사는 대뜸 긴 창을 휘둘렀다. 다행히 빗나가 덴마크 병사는 팔에 약간의 부상만 입었다.

"아니! 도와주려 했는데 이러는 법이 어디 있소? 안 되겠소. 물통의 물을 다 주려고 했는데, 당신 때문에 절반을 쏟았으니, 절반밖에 못 주겠소."

훗날 이 사실을 알게 된 국왕은 그 병사를 불러 왜 살려준 은혜도 모르는 배은망덕한 스웨덴 병사를 죽이지 않았는지를 물었다. 그는 주저 없이 "부상당한 사람을 죽이고 싶지 않았습니다"라고 말했다.

덴마크 병사의 따뜻한 마음과 행동은 감동과 존경의 마음을 불러일으킨다. 그는 우리에게 사람의 숭고한 일면을 보여주었다. 특히 덴마크 병사의 두 번째 용서는 인간의 위대한 모습을 보여준다.

용서는 사랑을 실천하는 것이고 인간의 최고 경지라고도 할 수 있다. 지혜로운 자는 이렇게 말한다.

"용서는 적당해야 하고 자신을 상처 입게 해서는 안 된다. 용서는 상처로 인한 아픔을 참는 것이며, 자신의 상처를 치유하는 것도 용서다. 또 용서는 상처와 고통을 치유하는 유일한 방법이기도 하다."

겉으로 보면 용서가 보복을 포기하는 소극적인 결정처럼 보이지만 진정한 용서는 정신적인 힘이 뒷받침되어야 하는 적극적인 행동이다.

용서는 인간이 반드시 갖추어야 할 덕목이며 인간의 자의식을 구현한 것이다. 사람은 자신을 정확히 알아야 넓은 도량을 가질 수 있다. 또한 처세에서도 이러한 태도를 지니고 있어야 한다. 넓은 도량과 아량을 가지고 자신과 다른 의견을 받아들일 수 있을 때 자신이 풍부해지는 것을 체험할 수 있고 폭넓고 따뜻한 인간관계를 맺을 수 있다. 당신이 전적으로 옳고, 타인의 견해가 당신과 다르다고 해서 비난해서는 안 되며, 당신의 경쟁자를 포용하는 법을 배워야 한다.

예수는 "원수를 사랑하라"고 말했다. 성인처럼 원수를 사랑할 수는 없을지언정 적어도 자신은 사랑해야 한다. 우리는 미움과 원한에 사무쳐 즐거움과 행복 그리고 건강을 해쳐서는 안 된다.

셰익스피어는 "원수 때문에 화를 내면 다치는 쪽은 오히려 자기 자신이다"라고 말했다. 자신의 건강과 즐거움을 위해서라도 그들을 용서하고 잊는 것을 배워야 하는데, 바로 이런 것을 두고 현명한 행동이라 한다.

어떤 사람이 아이젠하워 장군의 아들에게 물었다.

"당신 부친이 오랫동안 한 사람을 미워할 수 있을까요?"

아들은 "부친은 일분일초도 아까워했기 때문에 싫어하는 사람을 생각하며 시간을 낭비할 리 없다"라고 했다.

누구나 잘못을 할 수 있다. 그리고 입장을 바꿔 생각한다는 것은 아주 힘든 일이다. 남에게 잘못을 한 뒤 우리는 상대방이 용서해주기를 바라며 유쾌하지 않은 지난 일을 잊어주길 바란다. 그러면서 우리는 왜 상대방의 마음의 짐을 벗겨주는 넓은 아량은 없는가?

상대의 실수를 마음에 담아두고 트집을 잡으려고 해서는 안 된다. 용서하지 않으면 자신에게 더 큰 상처를 입히게 될 것이다. 처세에 능한 지혜로운 자는 마음을 열고, 과거의 미움을 마음에 담아두지 않고 상대방과 사이좋게 지내며, 자신이 해야 할 큰일에 마음을 집중시킨다. 그러기 위해서 우리는 잊는 법을 배워야 한다.

017
모험을 두려워 마라

기쁨은 모험 속에 있다. 위험 속에서 인생을 단련하는 것이 인생의 즐거움이다. 그 위험 속에서 비밀을 탐구하고 도전을 통해 자신을 단련하면 상상했던 것보다 훨씬 더 발전하게 될 것이다.

어느 날 새우와 소라게가 깊은 바다 속에서 만났는데, 그때 소라게는 새우가 자신의 갑옷을 벗어버린 채 연약한 속살을 드러내고 있는 것을 보았다.

소라게는 다급하게 말했다.

"새우야, 왜 유일하게 네 몸을 보호해주는 갑옷을 벗어버렸니? 큰 물고기가 한입에 너를 삼켜버리면 어떡하려고? 지금 네 모습으로 혹시나 급류에 떠내려가 암석에 부딪치기라도 한다면 큰일날 거야."

새우는 침착하고 느긋하게 대답했다.

"네 말이 맞을지도 몰라. 하지만 네가 잘 모르는 것이 있어. 우리 새우들은 자랄 때마다 먼저 있던 낡은 갑옷을 벗어버려야만 더 단단한 새 갑옷이 자랄 수 있거든. 지금은 위험에 처해 있지만 더 나은 미래를 위해 준비하고 있는 거야."

소라게가 곰곰이 생각해보니 자신은 하루 종일 숨어 있을 은신처와 남들의 보호 아래서 살 궁리만을 해왔다. 여태껏 자신을 더 강하게 할 방법에 대해서는 생각해본 적이 없었다. 그러다보니 과거나 지금이나 자신의 종족은 변한 것 없이 그대로였다.

인생은 마치 긴 강줄기와 같아 때로는 평온하다가도 때로는 급히 흐르고, 때로는 소용돌이치기도 한다. 당신이 강물 속에 있다면 비교적 안전한 방식을 선택해 언덕을 따라 천천히 이동하거나, 동작을 멈추고 움직이지 않거나, 소용돌이 속에서 끊임없이 회전할 수도 있다. 당신에게 용기가 있다면 적극적으로 도전을 받아들일 것이고 모험을 통해 자신을 증명할 것이다.

모든 성공은 그저 앉아서 기다린다고 해서 저절로 찾아오는 것이 아니다. 반드시 행동으로 실천해야 한다. 모험 없는 일은 정신적인 스트레스는 없겠지만 발전 또한 없을 것이다. 안전하게 가겠다는 마음은 당신의 발전을 저해할 것이다. 발전과 만족의 희열을 느끼고 싶다면 모험을 해야 하고 새우처럼 과감히 갑옷을 벗어던져야 한다.

자신감과 용기는 인간의 본능이다. 미 육군 정신병학 컨설팅부 부장을 지낸 아보스 장군은 말했다.

"사람들은 대부분 자신이 얼마나 용감한지 모른다. 사실 많은 사람들에게는 영웅적인 기질이 있다. 하지만 그들은 자신의 능력을 의심하면서 일생을 보낸다. 만약 그들이 자신에게 내재된 능력을 깨닫는다면 자신의 문제를 해결하고, 심지어 중대한 위기를 해결하는 데에도 도움이 될 것이다."

모험을 거부하고 안정과 안전을 추구하려는 생각은 당신이 평안하게 일생을 지낼 수 있도록 도와줄 것이다. 하지만 그것은 슬프고 무료하며 나약한 인생이 될 것이다. 더욱 안타까운 것은 스스로 자신의 잠재력을 사장시킨다는 사실이다. 사람은 원래 성공의 열매를 딸 수 있고 성공의 무한한 희열을 누릴 수 있지만 기꺼이 그것들을 포기해버린다. 생활 속에서 이러한 후회와 아쉬움을 남기며 평범하게 일생을 살아가느니 용감하게 부딪치고 도전하며 과감하게 모험하는 영웅이 되는 편이 낫다.

그러나 대다수의 사람들은 모험을 원하지 않고 안정과 안전을 추구하기 때문에 설령 이러한 이유로 평범한 생활을 한들 애석해하지 않을 것이다. 그들이 모험을 원치 않는 것은 실패를 두려워하기 때문이며 그러한 공포 심리는 그들의 시야를 좁히고 능력을 펼칠 공간을 제약한다. 세상의 어떤 일도 순조로울 수만은 없다. 행동이 있으면 실수와 실패가 따르게 마련이므로 어느 정도 마음의 준비를 해야 한다. 실수와 실패를 했다고 해서 낙담할 필요는 없다. 실패는 성공의 어머니라고 하지 않는가.

경험이 없는데 무턱대고 모험에 도전하거나 모든 것을 걸어서는 안 된다. 일단 어떤 일에 모든 것을 걸게 되면 맹목적이고 근시안적으로 행동하게 되며 위험한 결과를 얻을 수 있다. 현실을 고려해 정확한 목표를 세우고 그런 다음 행동으로 옮기며 적당한 모험을 감행해야 한다.

위험 속에서 인생을 단련하고 모험 속에서 인생의 비밀을 탐구하는 것이 인생의 즐거움이다. 즉, 기쁨은 모험 속에 있다. 위험을 두려워하는 사람은 언제 어디서 위험에 노출될지 모른다. 위험의 영향을 최소화하고 자신의 현재 성과를 뛰어넘으려면 경계를 긋거나 자신을 제약해서는 안 된다. 도전에 용감히 맞서고 도전을 통해 자신을 단련한다면 당신은 스스로가 상상하는 것보다 훨씬 더 발전할 수 있다.

018
열등감의 결과

열등감은 실의의 전조이다. 인생에서 성공하고 싶다면 열등감을 극복해야 한다.

달팽이는 늘 자신을 아무것도 잘하지 못하는 하찮은 존재로 여겼다. 그래서 그는 나비와 꿀벌조차도 제대로 쳐다보지 못했다.

세월이 흐르면서 달팽이는 세상과 완전히 담을 쌓고 살았고, 주위에서 무슨 일이 생겨도 전혀 관심을 보이지 않았다. 매사 그런 식이었기 때문에 다른 동물들도 그의 존재를 의식하지 못했다.

어느 날 지렁이 한 마리가 땅 위로 기어올라와 개미에게 해질 무렵 폭우가 쏟아질 것이라고 알려주었다. 개미는 서둘러 이 사실을 숲 속 친구들에게 알려 만일을 대비하도록 했는데, 달팽이에게만은 이를 알리지 못했다.

해질 무렵, 정말로 폭우가 쏟아졌다. 폭우에 대비해 아무런 준비도 하지 않았던 달팽이는 산꼭대기에서부터 흘러내려온 빗물에 휩쓸려 산 아래로 떠내려갔다. 그때 바위에 부딪치고 찢겨 온몸은 만신창이가 되었다.

지렁이는 달팽이가 다친 것을 알고 난 뒤 그에게 말했다.

"열등감에서 벗어나지 못하고 계속 그런 식으로 살아가다가는 앞으로 더 위험한 일에 처하게 될지도 몰라!"

달팽이는 그 말을 듣고 깊은 생각에 빠졌다.

불쌍한 달팽이는 열등감 때문에 다른 동물들과 관계를 제대로 맺지 못했고, 그 때문에 재난이 닥쳤을 때도 알려주는 이가 없었다. 사람도 마찬가지다. 스스로를 무시하면 다른 사람들은 더더욱 당신에게 관심을 갖지 않을 것이다.

사람은 누구나 열등감을 가지고 있다. 어느 책에서는 말한다.

"세상에 열등감이 없는 사람은 없다. 성인이나 현인, 부호나 제왕, 가난한 농부나 선비, 장사꾼이나 심부름꾼 어느 누구든 어린 시절의 잠재의식 속에는 열등의식이 가득 차 있다."

그러므로 당신은 자신의 잠재된 열등의식 때문에 고민하고 괴로워할 필요가 없다. 단지 열등의식이 부정적인 심리 상태라는 것을 알면 된다. 인생에서 성공하고 싶다면 열등의식을 극복해야 한다. 열등의식은 현실을 왜곡해 정신적인 부담을 느끼게 하고 생활의 범위를 좁힌다.

열등의식 측면에서 분석하면 사람을 세 가지 유형으로 분류할 수 있다. 어떤 사람은 이야기 속 달팽이처럼 소극적으로 모든 일을 운명이라고 단정 짓고 발전하기 위한 노력을 하지 않는다. 자신을 다른 사람보다 열등하다고 여기며 그저 운명에 맡겨버린다. 또 어떤 사람은 나쁜 길로 빠진다. 희망이 없다는 생각에 자포자기하는 심정으로 난폭한 행동을 하고 어떤 일도 서슴지 않는다. 많은 범죄자들이 범죄를 저지르게 되는 원인 중 하나가 열등의식이 작용한 탓이다. 그러나 어떤 이들은 현재 자신의 부족한 점을 인정하고 용기를 내어 노력함으로써 열등의식을 극복한다.

당신이라면 어떻게 하겠는가?

동서고금을 막론하고 열등의식을 극복하고 성공한 예는 많다. 프랑스의 초대 황제이자 정치가이며 군사 전문가인 나폴레옹은 젊은 시절 키가 작고 집안이 가난하다는 열등감이 있었다. 실존주의 철학자이자 작가인 사르트르는 두 살 때 아버지를 여의었고, 왼쪽 눈은 사시였으며, 오른쪽 눈은 실명했다. 그는 부모를 여의고 신체장애를 가졌다는 이유로 심각한 열등감에 빠졌었다. 일본의 저명한 기업가인 마쓰시타 고노스케는 네 살 때 집안이 몰락하여 아홉 살 때 학업을 포기하고 돈을 벌어야 했으며 열한 살 때는 아버지마저 잃었다. 하지만 그들은 열등감 때문에 자신을 포기하지는 않았고, 오히려 그것을 자신을 채찍질하는 원동력으로 삼아 운명을 바꾸어, 결국 성공했다.

현실을 바꾸는 일은 우리가 생각하는 것만큼 어렵지 않다. 그리고 열등감도 충분히 극복할 수 있다. 외부적인 조건은 이를 방해하지 않을 것이다. 열등감을 극복하려면 먼저 자신을 정확히 알아야 한다. 열등감이 있는 사람이라고 해서 장점이 없는 것은 아니다. 열등감이 있는 사람은 겸손하고 이해심이 깊고 조심스럽고 세심하다. 이러한 장점을 계속해서 발전시켜 나아가야 한다. 결단력과 의지력을 갖고, 좌절을 두려워 말고 분발해 장점은 살리고 단점은 고쳐야 한다. 자주 스스로를 격려하고 성과가 있을 때마다 자신을 칭찬하면 더 나아진 자신과 만날 것이다. 또 열등감에 사로잡힌 당신은 이미 존재하지 않으며, 대신 낙관적이고 자신감 있는, 발전을 위해 나아가는 자신을 발견하게 될 것이다.

019
게으름은 생활의 걸림돌

사람은 누구나 선택할 수 있는 권리가 있다. 게으름을 선택하면 자신의 인생을 짓밟게 되고 근면을 선택하면 행복과 성공을 얻게 될 것이다.

달팽이와 함께 우물가에 살고 있는 토끼, 원숭이, 개구리는 사이좋은 한 동네 친구들이었다.

그들은 모두 달팽이를 좋아했다. 토끼는 마라톤 연습을, 원숭이는 나무타기 연습을, 개구리는 멀리뛰기 연습을 같이 하자고 달팽이에게 말했다. 그러나 달팽이는 고개를 절레절레 흔들며 거절했다.

"마라톤은 고통스럽고 나무타기와 멀리뛰기도 힘들어. 난 돌 틈에서 지내는 게 제일 좋아. 바람도 안 들어오고 햇볕도 뜨겁지 않고, 무엇보다 마음이 너무 편해."

세월은 유수와 같이 흘러 눈 깜짝할 사이에 반년이 지났다. 힘든 훈련을 통해 토끼는 마라톤 최우수 선수, 원숭이는 나무타기 명수, 개구리는 촉망받는 멀리뛰기 선수가 되었다. 고통스럽고 힘든 것을 싫어하던 달팽이는 마라톤, 나무타기, 멀리뛰기 어느 것 하나도 잘하는 게 없었고 오로지 꾸물거리며 기어가는 것밖에 할 줄 몰랐다.

신체적인 특징이 다르다는 사실을 차치하더라도 달팽이는 게으르고 놀기 좋아하는 본성 때문에 결국 아무것도 배우지 못한 것이다.

생명은 유한하고 순식간에 지나가버린다.

주쯔칭[朱自淸주자청]은 그의 작품 「총총匆匆」에서 세월의 흐름과 그에 대한 인간의 무력함을 묘사했다.

'손 씻고 밥 먹고 침묵하는 순간에도 세월의 수레바퀴는 돌아가고 있다.'

'세월의 흐름을 막아보려고 손가락을 펼치면 세월은 또 우리 손가락 사이로 유유히 빠져나가 버린다.'

그러나 생활 속에서 사람들은 시간을 아끼지 않고 편한 것만 찾다가 만성적인 심각한 게으름이 몸에 배어 고칠 수 없게 된다.

게으름은 반드시 고쳐야 한다. "하루의 계획은 아침에 있고 1년의 계획은 봄에 있고 근면은 일생의 운명을 좌우한다"라는 공자의 명언을 명심하자. 근면은 우리가 인생을 살아가는 데 필요한 기본 자세이며 우리를 당당하게 세우고 진취적으로 만들어줄 정신적 지주이다. 단, 심혈을 기울여야 진정한 즐거움을 얻게 될 것이다. 근면하고 게으름을 경계해야만 일의 기초를 세우고 다질 수 있으며, 인생의 금자탑을 세울 수 있다. 어느 철학자는 말했다.

"운명은 자신이 개척해나가는 것이며, 게으른 자는 그 대가를 지불하게 될 것이고 근면한 자는 행복과 성공을 얻게 될 것이다."

당신의 조건이 어떻든 어떤 환경에 처해 있든 무슨 일을 하든 노력하고 착실히 해나간다면 성공과 명예를 얻게 될 것이다.

일생에서 잠깐 부지런하기란 그리 어렵지 않다. 진정 어려운 일은 평생 노력하고 고생을 마다하지 않으며 원망을 두려워하지 않는 것이다. 성공한 사람들의 일생을 살펴보면 부지런히 창조하고 어떤 시련에도 굴하지 않는 불굴의 의지를 엿볼 수 있다. 일본의 유명한 기업가인 마쓰시타 고노스케는 7년간의 수습기간 동안 사장님의 지도하에 점차적으로 근면한 습관을 길렀다. 그리고 그 근면을 바탕으로 다른 사람들이 어려워하는 일을 꺼리지 않고 오히려 즐겼다. 그는 평생 '근면'이라는 두 글자를 잊지 않았다. 그리고 평생 '근면'을 최고 자산으로, '진취'를 성공의 열쇠로 여겼다.

근면은 평생 동안 매일 무슨 일이든 꾸준히 하는 것이다. 진취는 세상을 살아가면서 부단히 자신을 발전시키고 풍부하게 하는 것이다. 그리고 자기 개발을 위해 새로운 지식을 늘리는 데 노력하고 새로운 문제를 사고하는 것이다. 또 비즈니스에서 날마다 새로운 변화를 추구해나가는 것이다. 즉, 끊임없이 자신을 부정하고 자신을 초월하고 새로운 인생 목표를 위해 전진하는 것이다.

O2O

완벽을 추구하지 마라

절대로 완벽한 인생을 추구해서는 안 된다. 완벽이라는 말 자체는 그럴듯하지만 전혀 도움이 되지 않는다. 최선을 다해 인생을 살아가면 그것으로 족하다.

한 화가가 역대의 이름난 화가들을 뛰어넘는 훌륭한 작품을 완성하겠다고 공언했다. 그는 작품 속에 인류 최고의 지혜를 녹여내기 위해 자신을 화실 속에 가두고 세상과 단절한 채 살았다. 그러나 그가 세상을 떠날 때까지도 그의 작품은 발표되지 않았다.

그가 세상을 떠난 후 사람들은 그의 화실을 정리하다 큰 천으로 덮여 있는 이젤을 발견했는데, 그들은 그게 바로 화가가 그동안 심혈을 기울여 준비해온 대작이 아닐까 생각했다. 떨리는 가슴으로 천을 벗겨낸 그들은 눈앞에 펼쳐진 광경에 할 말을 잃었다. 아무런 스케치도 없었기에 도저히 그림이라 볼 수 없었다. 그저 갖가지 물감이 잔뜩 묻은 천조각에 불과했고 기껏해야 팔레트라고밖에 생각할 수 없었다.

원래 화가들은 작품을 그릴 때 계속해서 수정을 해야 완벽한 작품이 나온다고 생각한다. 그래서 늘 자신의 그림을 인정하지 않고 캔버스 위에 끊임없이 덧칠하고 고치며 일생의 정력을 소모한다.

이것이 바로 완벽주의가 빚어낸 결과다. 완벽주의자들, 그들의 사전에는 대충이라는 말이 없으며 매사 자신에 대한 요구가 너무 높아 지나칠 정도로 노력한다. 하지만 그들의 이런 심리는 완벽하게 해내지 못할지도 모른다는 두려움을 낳고 그 때문에 오히려 아무 일도 해내지 못한다.

현실에서 완벽을 추구하는 사람들이 많은데, 그들은 더없이 완벽한 일에도 이것저것 흠을 잡고 억지로 트집을 잡기도 한다. 그들은 어떤 일에도, 누구에게도 만족하지 못하고 늘 쓸데없는 고민에 빠진다. '완벽'은 인간에게 적용되는 기준이 아니며, 이 세상에 완벽한 경지에 오를 수 있는 사람이나 일은 없다. 대다수의 완벽주의자들이 유일하게 인정하는 것은 순조롭게 이룬 성공밖에 없다. 그들은 실패할 가능성이 있을지도 모르는 일은 하려 하지 않기 때문에 새로운 시도를 두려워한다. 첫 시도에서 실패하면 자신에게 실망하고 자신을 실패자라 생각하여 노력하는 것을 포기해버리기 때문이다. 자신에게 터무니없는, 소위 완벽이라는 기준을 적용할 필요는 없다. 단지 모든 일에 그저 최선을 다하면 된다.

완벽주의자는 지나치다 싶을 만큼 아주 세세한 부분까지도 신경을 쓴다. 세세한 부분까지도 신경 쓸 수 있다면 어떤 분야든지 잘 해낼 것이다. 예를 들어 코디네이터와 회계사들은 세심한 데까지 신경을 써야 한다. 그렇다고 어떤 경우에도 세심해야 한다거나 세심함이 늘 중요하다는 것은 아니다. 지나치게 세심하면 일의 진척이 느려질 것이고 타인과 허물없이 터놓고 지내기도 어려울 것이다. 완벽을 추구하기 때문에 자신의 생각을 고집하게 될 것이고 자신의 방법만이 옳다고 생각하게 될 것이다. 그래서 다른 사람의 생각을 들을 수 있는 기회를 잃게 되고 심지어 자신의 생각을 다른 사람에게 강요하기 때문에 당신과 함께 일하는 사람은 스트레스를 받게 될 것이다.

처칠은 "완벽이라는 말 자체는 그럴듯하지만 전혀 도움이 되지 않는다"라고 했다. 세상에 완벽한 일은 없다. 완벽주의는 자신은 물론이고 타인까지도 속박할 수 있다. 우리는 완벽주의의 속박에서 벗어나는 법을 깨달아야 한다. 일에 최선을 다하기만 하면 생활은 지금보다 훨씬 더 나아질 것이기에.

021
잊을 수 있는 것도 행복이다

과거의 상처를 잊어버린다면 상처는 당신을 두 번 다시 힘들게 하지 않을 것이다. 잊지 못한다면 그때마다 상처가 당신을 힘들게 할 것이다.

절망에 빠진 한 여자가 자살을 하려고 막 강으로 뛰어들려고 할 때, 한 노인이 그녀를 말리며 물었다.

"아가씨, 올해 몇 살이지?"

"스무 살이에요."

"아가씨, 난 곧 90이 되는데 삶이 즐겁기만 해. 그런데 아가씨는 그 나이에 무슨 고민이 그리 많아?"

"남자 친구랑 헤어졌어요. 전 정말 더이상 살고 싶지 않아요. 아마 이해 못하실 거예요."

노인은 울고 있는 그녀를 타이르며 말했다.

"내가 왜 몰라? 나도 아가씨만 할 때는 사랑 때문에 죽을 결심까지 했던 적이 있었지. 그땐 나도 아가씨처럼 이별의 아픔을 영원히 잊을 수 없을 거라고 생각했어. 하지만 지금 나는 무척 행복해. 아가씨가 보기엔 내가 행복해보이지 않아? 이제는 그때 나를 버린 그녀가 누군지 생각조차 나지 않는다네."

여자는 많이 진정됐는지 눈물을 닦으며 물었다.

"그럼 할아버지는 그분을 언제쯤 완전히 잊게 되었나요? 그리고 언제쯤 가슴이 아프지 않게 됐나요?"

노인은 한참 생각하더니 추억에 잠긴 듯 말했다.

"재작년 겨울쯤이야."

노인이 말을 마쳤을 때는 '풍덩' 하는 소리만 들려올 뿐 이미 여자의 모습은 보이지 않았다.

잊는 데 그렇게 긴 시간이 걸린다는 사실을 알게 된 여자는 견딜 수가 없었던 것이다. 우습게 들리지도 모르겠지만, 우리는 이 이야기를 통해 한 가지 깨달음을 얻을 수 있다. 그것은 바로 때로는 잊을 수 있는 것이 가장 큰 행복이라는 사실이다. 여자가 이 점을 깨달았다면 그렇게 쉽게 삶을 포기하지는 않았을 것이다.

인간은 과거를 그리워하는 동물이다. 과거를 추억하고 그 추억에 잠겨 너무도 많은 시간과 에너지를 낭비한다. 과거를 바꾸지 못하고 과거의 무거운 짐에서 벗어나지 못한다면, 몸은 현재에 있으면서도 마음은 과거를 살게 되어 일상은 암울하게 변할 것이다. 그러나 생활은 정지된 것이 아니며 우리의 생각이 여전히 과거의 한 모퉁이에 머무를 수만은 없다. 과거를 잊지 못하고 과거에 얽매여 있다면 이는 결국 자신을 막다른 골목에 이르게 할 것이고 영원히 새로운 삶은 살 수 없을 것이다.

그러면 무엇이 우리를 이처럼 과거에 집착하도록 만드는 것일가? 잊을 수 없는 과거에는 과거의 실패와 과거의 아름다운 추억 그리고 시대에 부합하지 않는 미풍양속 등 세 종류가 있다. 이러한 것들은 마음속에 깊이 새겨진다. 우리는 이미 과거가 된 실수를 계속해서 곱씹으며 자신을 괴롭히고, 나쁜 일이 자신에게 일어나지 않기를 바라며, 끊임없이 '왜'라고 묻는다. 그러고는 영원히 결과도 없고 아무 의미도 없는 의문 속에서 헤어나지 못한다. 또 때로는 다시 발생하지 않을 일의 해결책을 생각하고 다시 일어나지 않을 대화를 연습하곤 한다.

우리는 되돌릴 수 없는 과거를 걱정하고 과거가 되풀이되면 어쩌나 하고 노심초사해서는 안 된다. 과거는 과거로 끝내야 하며 끝없이 자책하고 후회한다거나 헤어나지 못하고 방황해서는 안 된다. 과거를 통해 교훈을 얻고 유사한 일이 다시 일어나지 않도록 힘써야 할 것이다. 과거의 실수에 얽매이는 것은 무의미하다. 망각은 고통스럽고 어려운 일이다. 그러나 당신을 괴롭히고 현실 생활을 엉망으로 만드는 과거의 실패에서 현실을 살아가는 지혜를 배우지 못한다면 과거를 잊어야 한다.

당신은 이러한 진리를 명심해야 한다. 과거를 망각함으로써 두 번 다시 실수와 상처가 당신을 힘들게 해서는 안 된다. 만약 잊지 못한다면 과거를 생각할 때마다 당신은 상처받게 될 것이다. 누군가 당신에게 상처를 주었다면 그는 또다시 당신에게 상처를 줄 가능성이 크다. 또한 어떤 일로 당신이 상처를 입었다면 또다시 그 일로 인해 상처를 받을 가능성도 크다.

우리는 이러한 기억을 잊고 다른 일에 몰두할 수 있어야 한다. 그리고 자신의 기억 속에 새로운 기억들을 채워가야 한다. 다시 말해 잊을 수 있느냐 없느냐는 자신의 오늘을 믿고 자신의 내일을 동경하는 것에 달려 있다.

022

남을 돕는 것이 결국 자신을 돕는 길이다

도움을 주고받는 것은 '윈윈' 효과를 줄 수 있다. 타인의 성공을 돕는다면 당신도 타인의 도움
으로 성공하게 될 것이다.

　　어떤 사람에게 천당과 지옥을 몸소 체험해보고 미래의 삶의 방식을 결정
할 수 있는 기회가 주어졌다.

　　그는 먼저 악마가 지키는 지옥을 둘러보고 그곳의 모습에 큰 충격을 받았
다. 사람들이 모두 테이블 앞에 앉아 있었고 테이블 위에는 고기에서부터
과일, 채소에 이르기까지 산해진미가 잔뜩 차려져 있었다. 그가 유심히 사
람들의 표정을 살폈는데 이상하게도 웃고 있는 사람이 단 한 명도 없었다.
흥을 돋우는 음악도 웃고 떠드는 즐거운 분위기도 찾아볼 수 없었다. 테이
블 앞에 앉아 있는 사람들은 하나같이 우울하고 무기력해 보였으며 심하게
야위어 피골이 상접해 있었다. 그들의 오른팔에는 나이프가, 왼팔에는 포크
가 묶여 있었는데 손잡이의 길이가 무려 2미터나 됐다. 그래서 음식이 가까
이 있어도 먹을 수 없어 계속 굶주려야 했다.

천당도 지옥과 마찬가지로 똑같은 음식에 손잡이가 2미터나 되는 나이프와 포크가 있었다. 그러나 천당 사람들은 배불리 먹고 마시며 즐겁게 지내고 있었다.

그는 두 곳을 보고 나서 한 가지 의문이 생겼다. 똑같은 상황인데 결과가 왜 다른지 도무지 이해할 수가 없었던 것이다. 하지만 그는 곧 해답을 알게 되었다. 지옥 사람들은 그저 어떻게 해서든 자기만 먹으면 된다는 이기적인 생각이 가득한 데다가 나이프와 포크는 쇠사슬로 묶여 있어 쓸 수 없었고, 게다가 길이까지 2미터나 돼 스스로 음식을 먹는 일은 꿈도 꿀 수 없었다. 그런데 천당 사람들은 서로 도와가며 마주 앉은 사람에게 음식을 먹여주었다. 서로를 돕다보니 결과적으로 자신을 돕는 길이 되었던 것이다.

천당과 지옥은 환경을 비롯해 음식, 포크, 나이프 등 주어진 상황도 완전히 같았다. 한쪽은 지옥, 다른 한쪽은 천당이 되어버린 이유는 양쪽 사람들의 사고방식의 차이 때문이다. 지옥 사람들은 자신이 손에 들고 있는 나이프와 포크로 오로지 자신만을 생각했지만, 천당 사람들은 서로 도움을 주고받음으로써 결국은 자신을 돕게 되어 행복하고 즐거운 생활을 할 수 있었다.

고상한 인격을 가진 사람은 즐거운 마음으로 남을 돕는다. 남이 도움을 원하거나 도움이 필요하다는 사실을 먼저 알아차려 도움의 손길을 내밀고 상대에게 도움을 주는 것은 멋진 일이다. 그리고 자신의 도움을 받은 누군가가 만족해한다면 자신 역시 행복해질 것이다.

어떤 사람들은 남을 도울 때 자신을 어느 정도 희생해야 한다고 생각한다. 예를 들어 남의 일을 도왔을 때 자신의 체력과 에너지 그리고 시간을 낭비했다고 생각한다.

자신이 다소 희생하여 다른 사람의 어려움이 해결됐다면 그보다 보람된 일이 어디 있겠는가. 세상에 어려움이 없는 사람이 어디 있겠는가. 자신이 어려울 때 남의 도움을 바라지 않을 수 있는가. 남을 돕는 일은 결코 자신을 희생하는 일이 아니다. 남을 많이 도울수록 자신도 더 많은 것을 얻게 되는 법이다. '윈윈' 효과도 바로 그런 것이다.

"남을 도와주면 더 큰 도움을 받게 된다"는 말은 서로 돕는다는 것의 진정한 의미를 가장 잘 설명해준다. 당신이 중요한 순간에 남을 도우면 남도 중요한 순간에 당신을 도울 것이다.

개인의 발전은 자신의 능력만으로는 어느 정도 한계가 있다. 자신의 성공을 위해 남의 도움도 받고 남의 성공도 도와야 한다. 사람은 누구나 인생의 목표를 이루고 싶어 하는데, 남과 서로 도움을 주고받으며 함께 발전해나가는 것이 가장 빠른 길이며 가장 효과적인 방법이다. "남을 돕는 것이 결국 자신을 돕는 길이다"는 말은 인생을 살아가는 지혜로운 처세술 중 하나다.

혼자서만 잘살 수 없는 사회에서 남에게 먼저 호의를 베푼다면 당신 주위에 사람이 모이게 될 것이다. 우리는 남들과 도움을 주고받으며 함께 성장해야 한다.

023
요행을 바라지 마라

요행으로 성공하는 것을 진리로 여기고 목표로 삼는 것은 인생 최대의 속임수이자 실수다.

어느 날 여우가 바쁘게 어디론가 가는 것을 본 다람쥐가 궁금해하며 물었다.

"여우 씨, 어딜 그렇게 바쁘게 가는 거예요. 무슨 안 좋은 일이라도 있나요?"

여우는 잠시 가던 길을 멈추고 헐떡거리며 말했다.

"어휴……, 글쎄 기가 막혀서 뭐라고 말해야 좋을지 모르겠네. 다람쥐 씨는 아직 못 들었나봐요? 저에 관한 안 좋은 소문이 나돌고 있는데 전 정말 억울하답니다. 저처럼 착한 동물이 어째서 남들로부터 모욕을 당해야 하는 거죠? 무슨 놈의 세상이 이렇게 야박한지! 당신도 알다시피 딴 동물들이 저를 보안관으로 임명했잖아요. 다른 동물들의 기대에 부응하기 위해 죽을힘을 다해 아침저녁으로 열심히 일했어요. 어떤 때는 너무 바빠 끼니조차 거르는 바람에 병도 났었죠. 그런 저를 두고 부패하고 썩은 보안관이라고 마구 모함하잖아요. 내가 뭘 받아먹었다고! 이렇게 내쫓는 건 정말 너무해요.

진짜 무정한 세상 아닙니까?"

여우의 말에 다람쥐가 대꾸했다.

"여우 씨, 세상에 비밀은 없답니다. 제 생각에 당신은 지금 거짓말을 하고 있어요. 그저께 해질 무렵, 전 당신 입가에 잔뜩 묻은 닭털을 봤거든요."

"어머, 그럴 리가요? 저는 뒤처리가 완벽한데 당신이 어떻게 알았죠? 더이상 당신과 이야기할 시간이 없군요. 바쁜 일이 있어 먼저 실례하겠습니다."

여우는 당황스러워하며 황급히 가버렸다.

속담에 "기러기가 지나가면 그림자가 남고 바람이 지나가면 소리가 남는다"는 말이 있다. 자신이 지은 죄는 언젠가는 드러나게 되어 있다. "하늘의 법망이 성긴 듯하지만 죄인은 반드시 벌을 면치 못한다"는 말처럼 남의 것을 훔쳐 먹은 여우가 아무리 교묘하게 숨기려 해도 결국 입가에 잔뜩 묻은 닭털 때문에 다른 동물들에게 들통이 났다. 따라서 요행을 바라서는 안 된다.

공자는 "전쟁을 잘하기 위해서는 적군이 오지 않으리라 장담하지 말고, 아군이 태세를 갖추고 기다리고 있다는 사실을 믿어야 하며, 그들이 공격하지 못하리라 믿지 말고, 우리에게는 만반의 태세가 갖추어져 있으므로 공격해올 수 없음을 믿어야 한다"라고 했다.

공자의 말뜻은 요행을 바라지 말고 적의 공격에 대응할 준비를 해야 한다는 뜻이다. 마찬가지로 일과 학습에서도 요행을 바라서는 안 된다. 요행을 바라는 사람들은 현실을 직시하지 못하고, 냉정한 현실 앞에서 도피라는 방법을 선택하며, 사람을 현혹시키는 환상에 젖는다.

주식시장에서 이런 심리를 자주 볼 수 있다. 주식이 불황일 때 투자자들은 '내 주식은 하락하지 않을 거야'라는 요행 심리를 갖게 된다. 주식이 하락하면 주가가 반등할 거라 생각하고 반등하면 주가가 계속 오를 거라는 기대에 부푼다. 그러나 주가가 다시 떨어지면 도피하려는 심리가 발동하여 숨어서 어떻게 해볼 생각도 하지 않는다.

요행은 우연의 일치일 뿐이다. 요행을 성공의 진리로 여기고 목표로 삼는 것은 인생 최대의 속임수이자 실수다.

어떤 청년이 길에서 다이아몬드 반지를 주워 횡재한 후로 그는 길을 걸을 때마다 땅바닥을 보며 걸었다. 40년이 눈 깜짝할 사이에 흘렀고, 그 사이에 다시 반지를 줍는 일은 없었다. 불행히도 수십 년 동안 땅바닥만 쳐다보고 다닌 탓에 청년의 등은 휘어버렸다. 반지를 주웠던 그가 요행을 바라지 않고 자신의 재능을 믿고 노력했더라면 그런 결말을 맞지 않았을 것이다. 성공하려면 반드시 그에 상응하는 대가를 지불해야 하고 얻고 싶으면 노력해야 한다. 절대 요행을 바라서는 안 된다.

024
공중도덕을 지킬 줄 알아야 한다

사람들이 많은 장소에서 공중도덕을 무시하면 비웃음을 당할 것이다.

어느 집안에 혼례가 있어 많은 친척들과 친구들이 축하해주기 위해 찾아왔다. 주인이 하인을 불러 말했다.

"혼례에 참석한 하객이 몇 명이나 되는지 가서 알아보아라."

하인은 하객들이 모인 곳으로 갔다. 그는 대문 입구에 둥근 받침돌을 옮겨놓고 그 옆에 있는 나무 밑에 앉아 하객이 몇 명이나 나오는지를 지켜보고 있었다. 혼례가 끝나갈 무렵, 하객들이 하나 둘씩 밖으로 나왔다. 집 안쪽에서 나오는 하객들은 받침돌을 미처 보지 못하고 나오다가 그만 걸려 넘어져 다쳤다. 넘어진 사람들은 재수가 없다고 욕을 하며 돌아갈 뿐 누구 하나 뒷사람을 위해 돌을 옮기는 사람이 없었다. 그때, 마지막에 나오던 어떤 노부인도 걸려 넘어졌는데, 그녀는 옷을 털고 일어나더니 받침돌을 정원 한 구석으로 옮겨놓았다. 혼례가 끝나고 하인이 주인에게 말했다.

"나리, 하객은 노부인 한 분밖에 없었습니다."

하인의 대답에 주인이 의아해하며 물었다.

"그럴 리가. 네가 잘못 본 것이 아니냐? 얼핏 봐도 하객들이 많았는데 무슨 소리를 하는 게냐?"

"사실은 제가 대문 입구에 둥근 받침돌을 놓고 옆에서 사람들을 지켜보고 있었습니다. 그런데 거기에 걸려 넘어진 사람들은 재수가 없다고 투덜대기만 할 뿐 아무도 돌을 옮기려 하지 않았습니다. 노부인 딱 한 분만이 다른 사람이 걸려 넘어질까봐 돌을 대문 한구석으로 옮기더군요. 제 눈에는 그 노부인 한 분만 사람으로 보였습니다."

둥근 받침돌을 옮기는 일은 그리 어려운 일이 아니다. 남을 배려하는 마음이 조금이라도 있다면 할 수 있는 일이다. 사람들은 왜 그렇게 쉬운 일도 하지 않는 것일까? 그런 사람들은 하늘이 무너지면 키가 큰 사람들이 머리로 받칠 테니 자신과는 상관없는 일이라는 식으로 생각할 것이다. 다시 말해 이웃을 사랑하는 마음이 전혀 없다는 뜻이다. 그들은 자신의 생명이나 이익과 관련 없는 일에는 무관심하다.

이웃을 사랑하지 않는 사람들의 결점은 자신의 잇속만 차린다는 것이다. 이기적인 사람들은 자기 자신을 사랑하지 않으면 하늘이 벌을 내린다고 변명할 것이다. 하지만 자신만 알고 타인과 사회에 무관심한 사람들은 사회에서도 성공하기 어렵고 사람들도 그들을 가까이하지 않을 것이다. 사람들이 많은 장소에서 이기적인 행동을 하면 남들의 곱지 않은 시선을 받게 될 뿐만 아니라 비난도 받는다.

옛 사람들은 "자신이 하기 싫은 일을 남에게 강요하지 마라"라고 했다.

바꿔 말하면 도덕의식과 개인의 자질을 향상시킨다면 문제가 되는 골치 아픈 현상은 생기지 않을 것이다. 주택가에 사람들이 쓰레기를 함부로 버려 악취가 나고 모기와 파리가 들끓게 되면 그 냄새를 맡아야 하는 것은 주민들 자신이고 모기와 파리 때문에 창문을 열지 못하는 것도 주민들 자신이다. 반대로 주민들이 주택가의 청결과 위생에 조금만 신경 쓴다면 주민들 모두가 쾌적한 환경에서 살게 될 것이다. 서로 양보하고 어른을 공경하고 공공장소에서 질서를 잘 지킨다면 서로 얼굴을 붉힐 일은 없을 것이다.

공중도덕은 사람의 기본 됨됨이이자 인격의 근본이다. 공중도덕은 보이지 않고 만질 수도 없지만 확실히 존재하며 사람의 언행에까지 영향을 준다. 로망 롤랑은 "자신이 먼저 솔선수범하면 남들도 따라서 배우게 된다"라고 했다. 이기적인 사람은 공중도덕 의식이 부족하기 때문에 남을 배려하거나 사회에 봉사하지 않는다. 우리는 솔선수범으로 공중도덕을 실천하여 다른 사람들도 함께 동참하도록 만들어야 한다.

025
행복은 마음에 달려 있다

행복과 근심은 언제나 동시에 마음의 문을 두드린다. 행복을 초대하면 행복과 함께할 것이고 근심을 초대하면 근심과 함께할 것이다.

생전에 남에게 도움을 베풀고 착한 일을 많이 한 어떤 사람이 죽은 후 천사가 되었다. 그는 천사가 되고 난 후에도 인간 세상에서 남을 도우며 행복을 맛보고 싶어 했다.

어느 날 그는 근심 가득한 얼굴을 한 농부를 만났다. 농부가 하늘을 향에 외쳤다.

"하나밖에 없는 소가 죽었으니 이젠 어떻게 농사를 짓는단 말입니까?"

천사가 농부에게 건강한 소 한 마리를 선물하자 농부는 정말 기뻐했고, 그로 인해 천사도 행복을 느낄 수 있었다.

어느 날 천사는 또 한 남자를 만났는데, 그는 매우 시무룩한 표정으로 하늘을 향해 외쳤다.

"사기를 당해 돈을 다 날려버리는 바람에 고향으로 돌아갈 차비도 없습니다!"

천사가 그에게 은화 몇 냥을 주자 남자는 매우 기뻐했고 천사 역시 행복해했다.

그러던 어느 날, 천사는 한 시인을 만났는데 그는 젊고 잘생긴 데다 재주도 있고 아주 부유했다. 그의 아내 역시 예쁘고 다정했는데 시인은 전혀 행복해 보이지 않았다. 천사가 그에게 물었다.

"당신은 왜 즐겁지 않죠? 제가 도와줄 일이 없을까요?"

시인이 천사에게 말했다.

"저는 모든 것을 가졌지만 단 한 가지 갖지 못한 게 있어요. 당신이 저에게 그것을 주실 수 있나요?"

"줄 수 있어요. 당신이 원하는 걸 제가 드릴게요."

그러자 시인이 천사를 바라보며 말했다.

"저는 행복해지고 싶어요."

천사는 한참 생각한 후에 대답했다.

"흠, 알겠습니다."

천사는 곧바로 시인의 재능을 빼앗고, 그의 얼굴을 추하게 만들었으며 그의 재산과 아내의 생명까지도 앗아버렸다. 그러고는 그의 곁을 떠났다.

한 달 후 천사가 다시 시인을 찾아갔을 때, 그는 헐벗은 채로 굶주림과 싸우고 있었다. 천사는 예전에 그가 가졌던 모든 것을 돌려주었다. 그리고 보름 후 천사가 다시 그를 찾았을 때, 시인은 천사에게 계속해서 고마움을 표시했다. 비로소 행복을 얻었기 때문이었다.

고독과 행복을 느껴본 적이 있는가? 고독과 행복은 상대적인 개념이다.

고독을 느껴보지 않았다면 무엇이 행복한 인생인지 어찌 알 수 있겠는가? 그렇게 보면 고독도 인생에서 반드시 거쳐야 할 길이 아니겠는가? 사람은 어리석게도 행복할 때는 그것이 행복인지 모르고 잃고 나서야 비로소 자신이 행복했다는 사실을 깨닫는다.

배가 고파 죽을 지경에 놓이면 라면 한 그릇에도 행복을 느낀다. 피곤해서 쓰러질 것 같을 때는 침대에 누울 수 있다는 사실만으로도 행복하다. 눈이 퉁퉁 부을 정도로 울고 있을 때 누군가 건네준 손수건 앞에서도 행복을 느낀다. 행복을 한마디로 무엇이라 정의 내릴 수는 없지만 일상의 사소한 일들이 사람을 감동시키고, 그것을 통해 우리는 행복을 배운다. 행복은 자신이 만들어가는 것이다. 어떤 마음으로 생활하느냐에 따라 행복이 결정된다.

남과 비교해 자신은 돈도 지위도 없고, 아내는 못생기고 남편은 다정하지 않고, 자기 아이가 다른 집 아이보다 똑똑하지도 않다고 생각하는데 어떻게 행복을 느낄 수 있겠는가? 불행은 자신의 마음에서 비롯된다. 직업도 없고 가정도 없는 사람과 비교해본다면 자신이 얼마나 행복한지를 깨닫게 될 것이다.

사람들이 자신의 감정과 마음을 조절할 때 스스로에게 주문을 거는 것처럼 행복도 마찬가지다. 행복해지고 싶다면 먼저 즐거운 마음으로 주문을 걸자. 그러면 정말 행복해질 것이다.

불치병에 걸린 한 사람이 있었다. 하지만 그는 평소처럼 긍정적이고 쾌활하게, 끝까지 포기하지 않고 병마와 싸웠고 병은 기적적으로 완치되었다. 과학자들은 이를 두고 인간에게는 꺼져가는 생명도 소생시키는 위대한 능력이 있다고 했다. 또 의학 기술이 기적을 창조한 것은 아니며 이는 어디까

지나 정신력의 승리라고 했다.

우리가 이러한 사실을 깨닫는다면 좀더 행복하게 생활할 수 있고, 남을 원망하는 마음 역시 사라질 것이다. 이런 점으로 미루어볼 때, 행복은 마음에 달려 있다는 사실을 알 수 있다.

행복과 근심은 동시에 마음의 문을 두드린다. 마음의 주인이 누구를 초대하느냐에 따라 함께할 대상은 달라질 것이다.

026
권위를 믿되 맹신하지 마라

권위를 맹신해서는 안 되며 과감히 권위에 도전해야 한다.

어느 날 동물의 왕 사자가 다른 많은 동물들 앞에서 다람쥐를 칭찬했다. 사자는 다람쥐가 체구는 작지만 비상한 재주를 가지고 있으므로 자신을 제외하고는 그와 견줄 만한 동물이 없다고 말했다. 까마귀나 당나귀 입에서 나온 말이라면 믿지 않았겠지만 사자 대왕의 입에서 나온 말이었기 때문에 다른 동물들은 그 말을 곧이곧대로 믿었다.

사자의 말 때문에 숲 속의 동물들은 다람쥐를 두려워하기 시작했다. 평소 다람쥐를 원수처럼 여기던 동물들까지 찾아와 그간의 묵은 감정은 씻고 친하게 지내자며 먼저 화해의 손길을 내밀었다. 지금까지 다람쥐를 무시하고 골탕 먹였던 늑대도 그에 대한 경외심이 생겼다. 심지어 아기 늑대가 늦게까지 자지 않고 놀려고 할 때면 엄마 늑대는 겁을 주려고 다람쥐의 이름을 들먹였다.

"자꾸 말 안 들으면 다람쥐에게 이를 거야."

아기 늑대는 그 말을 들으면 너무 놀라 순한 양처럼 굴었다.

어느 날 저녁, 아기 늑대는 혼자 숲 속을 지나 집으로 돌아가고 있었다. 배에서 꼬르륵 소리가 날 정도로 허기진 아기 늑대는 나무숲에서 작은 동물의 움직임을 느꼈다. 그래서 엄마 늑대에게서 배운 사냥기술을 이용해 힘껏 덮쳤다. 나무숲 속에 무방비 상태로 있던 다람쥐는 비명조차 질러보지 못한 채 아기 늑대의 한 끼 식사가 되어버렸다.

다음 날, 동물들이 모여 다람쥐가 실종됐다며 웅성거리고 있었다. 아기 늑대는 그제야 자기가 어젯밤에 잡아먹었던 작은 동물이 다람쥐였다는 사실을 깨달았다.

우리는 권위 있는 사람의 말이라고 맹목적으로 믿었다가 종종 우스운 꼴을 당한다. 아기 늑대는 『벌거벗은 임금님』에서 임금님이 아무것도 걸치지 않았다고 말한 어린아이처럼 우연하게 위엄의 가식적인 면을 벗겨냈다.

원래 작은 실수에 불과한 사실도 대중의 집단적인 종용과 지지 속에서는 그 자체가 가진 능력 이상의 영향력을 가지게 된다. 이런 일들은 우리 주변에서 흔히 일어나고 있다. 오랫동안 고민해서 얻은 결론에 대해 권위자로부터 '틀렸다'라는 말을 들었다면 누구나 반신반의할 것이다. 그러나 다른 권위자에게도 똑같은 대답을 들으면 완전히 자신이 내린 결론을 부정하고 포기해버릴 것이다. 대부분의 사람들은 자신의 생각에 문제가 있는 것으로 여길 뿐 권위자들이 틀릴 수도 있다는 생각은 하지 않기 때문이다.

일반적으로 사람들은 권위자에게 의존하는 경향이 있어 그들의 말을 진리처럼 여긴다. 사람들은 권위자에 대해 경외심을 갖고 있지만, 우리가 잊지 말아야 할 점은 권위자도 사람이고, 사람이면 누구나 단점이 있고 실수도 한다는 사실이다. 권위자를 맹목적으로 믿어버리면 자신이 알고 있는 지식이 뒤죽박죽되고, 판단의 기준도 흔들리게 될 것이다.

모든 일에는 양면성이 있게 마련이다. 권위는 확실히 우리의 시간과 노력을 덜어주었다. 기하학에 대해 알려면 처음부터 다시 연구할 필요 없이 아르키메데스의 원리를 배우면 된다. 날씨를 알기 위해서는 구름을 관찰할 필요 없이 일기예보를 들으면 된다. 그러나 권위를 맹신하고 맹종하다보면 우리는 주체적인 사고력을 잃게 될 것이다. 그렇기 때문에 권위가 사라지면 어찌할 바를 몰라 우왕좌왕하는 것이다.

짜라투스트라가 자신의 제자와 숭배자들에게 말했다.

"너희는 십 년을 하루같이 진심으로 나를 따랐고 나의 학설에 대해 아주 깊이 이해하게 되었다. 그런데 너희는 왜 내 머리 위의 화관을 벗겨버리지 않느냐? 왜 나를 따르는 것을 모욕으로 느끼지 않느냐? 왜 나를 사기꾼이라고 욕하지 않느냐? 나의 화관을 벗겨버리고, 나를 수치스럽게 여기고, 나를 사기꾼이라 생각하고, 부정할 때 너희가 진정으로 나의 학설을 이해한 것이다."

그의 훌륭한 몇 마디에 우리는 위대한 철학자에 대한 경외심을 느낀다. 그 자신이 권위자이면서도 제자들에게 용감히 권위를 타파하고 도전하라고 가르쳤기 때문이다.

권위를 맹목적으로 믿어서는 안 되며 권위에 도전해야 한다고 주장하지만 모든 권위를 부정하자는 말은 결코 아니다. 단지 권위 앞에서 이성적이고 주체적으로 사고하자는 것이다. "나는 스승을 사랑한다. 하지만 진리를 더 사랑한다"는 고대 그리스 명언은 이 같은 진리를 잘 설명하고 있다.

027
발상을 전환하라

자신이 어떤 마음으로 생활하느냐에 따라 생활도 달라지는 법이다.

한 할머니에게 우산을 파는 큰아들과 염색 공장을 경영하는 작은아들이 있었다. 할머니는 하루 종일 근심 걱정으로 무엇을 해도 기쁘지 않았는데, 날씨가 맑으면 우산 파는 큰아들이 걱정이었고 비가 오면 작은아들의 염색 천들이 비에 젖을까 염려스러웠기 때문이다. 할머니는 날마다 아들들을 걱정하느라 결국 병에 걸렸고, 고심 끝에 현자에게 도움을 청하였다.

현자가 말했다.

"할머니는 정말 복이 많으시군요. 한번 생각해보세요. 비 오는 날이면 큰아들의 장사가 잘될 것이고 맑은 날이면 작은아들의 장사가 잘될 테니 궂은 날이나 맑은 날 모두 할머니에게는 좋은 날이 아닙니까."

할머니는 곧 그동안 자신이 단 한 번도 좋은 쪽으로는 생각하지 않았다는 사실을 깨달았다. 그 뒤로 할머니의 병은 깨끗이 나았고, 매일매일 즐겁게 생활했다. 할머니는 사람들을 만날 때마다 큰아들의 장사가 잘된다거나 작은아들의 장사가 잘된다는 자랑을 하며 보냈다.

변한 것은 아무것도 없고 생각만 달리했을 뿐인데 너무도 간단하고 쉽게 할머니의 병은 나았다. 우리네 생활 속 많은 일들이 이와 같다. 사고방식을 바꾸고 문제를 대하는 태도를 바꾼다면 결과는 크게 달라질 것이다.

미국의 유명한 심리학자 윌리엄 제임스는 말했다.

"우리 세대의 가장 위대한 발견은 마음가짐을 바꾸면 인생이 변한다는 사실을 알게 된 것이다."

인생의 성공과 실패, 행복과 시련, 기쁨과 슬픔은 자신의 마음이 빚어낸 결과다. 우리의 마음이 생활을 변화시키는 것이다. 우리가 사는 목적은 풍요롭고 즐겁기 위해서지 고통과 번민 속에서 허덕이기 위해서가 아니다. 그렇다면 왜 좋은 쪽으로 생각하지 못할까? 마음속으로 즐겁고 행복한 일만 생각하면 즐겁고 행복해진다. 마음속으로 슬픈 것만 생각하면 슬퍼진다. 어떤 삶을 선택할지에 대한 답은 자명하다. 어떤 사람은 타인에 의해 자신의 상황이 나빠지고, 환경이 인생을 결정짓고, 벗어나려 해도 벗어날 수 없는 상황이 있게 마련인데 어떻게 좋은 쪽으로만 생각할 수 있느냐고 반문할 것이다. 그러나 그들은 지금까지 한 번도 좋은 쪽으로 생각하지 않았기 때문에 나쁜 일을 겪게 된 것이다. 그들은 비관하고 실망하고 고통스러워하기 때문에 설령 좋은 생각이 있더라도 스스로 부정해버린다.

양이 '메에에……' 하고 한 번 울 때마다 한입 정도의 마른 풀을 잃게 된다는 속담이 있다. 무거운 마음에 쉴 새 없이 고민을 늘어놓으며 좋은 쪽으로 생각하지 않으면 당신은 말할 때마다 한 번의 행운을 잃게 될 것이다.

028
쓸데없이 걱정하지 마라
고민한다고 문제가 해결되는 것은 아니다. 오히려 고민만 늘 뿐이다.

어떤 사람이 혹시 자신이 술에 취해 술병을 삼켜버리지 않았나 하고 의심하게 되었다. 그는 그 걱정 때문에 하루 종일 안절부절못했다. 주위 사람들이 그런 일은 있을 수 없다며 아무리 설명해도 소용없었다. 그는 자신이 삼킨 술병 때문에 죽게 되지나 않을까 걱정했다.

그는 결국 고민 끝에 의사에게 뱃속에 든 병을 꺼내달라는 수술을 부탁했다. 그가 막무가내로 나오자 의사는 할 수 없이 수술을 했다. 의사는 미리 준비해둔 빈 병으로 그를 속이려 했다. 그런데 정작 환자는 자신이 삼킨 술병과 상표가 다르다고 항의를 하는 것이었다. 의사는 기가 막혔지만 하는 수 없이 재수술을 해주었다.

꾸며낸 이야기라 현실에는 이 정도로 어리석은 사람은 없을 것이다. 하지만 현실에서도 사소한 일 때문에 근심하다 잠도 못 자고 밥도 제대로 못 먹는 사람들이 적지 않다. 하늘이 내려앉으면 어쩌나 걱정했던 기杞나라 사람과 마찬가지다. 이들은 고생을 사서 하는 것이니 남을 탓할 수도 없다. 하지만 쓸데없이 걱정하는 것도 일종의 나쁜 습관이니 빨리 고치는 게 좋다. 이런 습관을 빨리 고치지 않으면 개인의 생각이나 생활은 물론, 생명에도 치명적인 영향을 줄 수 있다.

근심 걱정이 많은 사람들은 종종 삶에 희망이 없다고 비관하며 무슨 일이든 될 대로 되라는 식의 태도를 보인다. 그들은 살아가는 것 자체를 가장 큰 고통으로 여기면서도 문제를 해결할 방법은 찾지 않고 결국 하는 일 없이 허송세월을 보낸다. 그리고 그들의 부정적인 생각들이 꼬리에 꼬리를 물고 악순환을 반복한다. 그들은 근심과 걱정으로 답답해하고 울적해한다. 그리고 일에 대한 열정도 동기도 없고 산만한 데다가 반응 또한 느려서 주변 사람들은 점점 그들을 멀리하게 된다. 자꾸 이런 일이 반복되다보니 그들의 근심과 걱정은 끊일 날이 없다.

자신을 고통스럽게 만드는 근심을 떨쳐버리려면 쓸데없이 걱정하지 말고 낙관적인 자세로 생활해야 한다. 정말 어쩔 수 없는 고충이 있더라도 최악의 상황은 아니며 걱정한다고 해서 해결될 일도 아니라 생각하면서 자신의 마음을 다스려야 한다.

어느 말기 암 환자가 3개월밖에 못 산다는 사실을 알고는 자신이 가장 해보고 싶었던 해외여행을 떠나기로 결심했다. 의사는 그에게 지금 여행을 떠나면 타국에서 죽게 될지도 모른다고 경고했다. 하지만 그는 아무것도 두렵지 않고 오히려 즐거운 마음으로 여행을 떠났다. 여행을 하면서 그는 모든 근심을 떨쳐버리고, 오직 마지막 순간까지 여행만을 즐기기로 했다. 점점 약 먹는 횟수와 위 세척하는 횟수가 줄어들었다. 이렇게 몇 주가 지나자 오히려 그는 어떤 음식이든 가리지 않고 마음껏 먹을 수 있게 되었다. 결국 그는 기적처럼 5년을 더 살았다.

근심은 자신을 죽이는 독약과 같다. 근심을 치료할 수 있는 가장 좋은 의사는 자기 자신이다. 희망을 버리지 않는다면 희망도 영원히 우리를 버리지 않을 것이다.

029
허황된 꿈을 꾸지 마라

생각하는 것은 현명한 일이며, 계획을 세우는 것은 더 현명하고, 행동으로 옮기는 것은 가장 현명하고 훌륭한 일이다.

생쥐가 다른 동물들에게 허풍을 떨었다.

"여러분, 저는 아주 원대한 꿈이 있습니다. 에베레스트 산을 정복하고 세계의 지붕에 최초로 오른 생쥐가 되는 것입니다."

"하하하."

"히히히."

동물들은 웃음을 참을 수 없었다. 생쥐는 매우 불쾌했다.

"왜들 웃죠? 불가능하다는 뜻입니까? 언젠가 당신들은 에베레스트 산 정상에 서서 손을 흔드는 제 모습을 보게 될 것입니다."

그날 이후 생쥐는 늘상 턱을 괴고 에베레스트 산을 정복할 방법을 연구했다.

흰 구름은 하늘 끝에서 유유히 왔다가 에베레스트 산으로 유유히 떠갔다. 생쥐는 흰 구름을 탈 수 있다면 에베레스트 산을 정복하는 것은 문제도 아니라고 생각했다. 그때 바람이 쌩 하고 불었다. 생쥐는 바람이 도와주기만 하면 자신의 꿈을 이룰 수 있다고 확신했다. 하늘 높이 걸려 있는 초승달은 마치 작은 배 같았다. 저 배를 탈 수만 있으면 얼마나 좋을까. 생쥐는 초승달 배를 타고 두 손으로 가볍게 노를 저으면 금방 에베레스트 산까지 갈 수 있을 것만 같았다.

생쥐는 이런저런 궁리만 하며 계속 생각에 잠겼다. 하지만 수염이 길게 자라 하얗게 될 때까지도 에베레스트 산에는 오르지 못했다.

"생쥐야, 왜 에베레스트 산에 오르지 않니?"

"생쥐야, 네가 에베레스트 산에 서서 손 흔들 날까지 기다릴게!"

"생쥐야, 언제쯤 네 꿈이 이루어질 것 같니?"

동물들은 생쥐를 만나면 꼭 이런 질문을 했다.

생쥐는 얼굴을 붉히며 아무 대답도 하지 못했다. 그 후 생쥐는 동물들을 만나기가 부끄러워 그들이 잠잘 때 몰래 나와 먹을거리를 찾게 되었다.

이야기 속 생쥐가 에베레스트 산에 오르지 못한 것은 당연하다. 생각만 하고 말만 할 뿐 행동에 옮기지 않았으니 말이다.

현실 속에서 어떤 사람들은 헛된 공상을 하면서 장밋빛 인생을 꿈꾼다. 어떤 사업을 구상할 때 머릿속으로 그려보며 계획하는 일은 당연히 필요하다. 하지만 사업의 승패는 행동에 달려 있다. 행동이 있어야 현실적인 결과를 얻을 수 있다. 나폴레옹의 말처럼 생각하는 것은 현명한 일이고, 계획을 세우는 것은 더 현명하며, 행동으로 옮기는 것은 가장 현명하고 훌륭하다.

"백 마디 말보다 한 번의 행동이 낫다"는 말은 실천의 중요성을 말해준다. 성공의 열쇠는 화려한 말이 아니라 행동에 있다. 다시 말해서 훌륭한 말보다 실천이 중요하다는 얘기다. "공허한 말은 결과가 없고 구체적인 행동만이 나라를 부강하게 한다"는 말처럼 국가나 기업, 개인에게도 이 말을 적용할 수 있다.

우리는 인생의 목표를 생각하고 단계적인 계획을 세워야 한다. 성공하기 위해서 고민하고 전략을 세우는 일도 중요하지만 그보다 더 중요한 일은 행동에 옮기는 것이다. 구체적인 행동이 없다면 아무리 좋은 생각과 계획도 꿈으로 그치고 만다. 말만 하고 생각만 하고 행동하지 않는 것은 게을러서 그런 것이 아니라 실패가 두렵기 때문이다. '행동이 바로 자신을 독려하는 힘이며 게으름을 극복하는 가장 좋은 방법'이라는 사실을 명심하자.

어떤 사람들은 일을 시작하기 전에 계획을 완벽하게 세우고 나서 행동하겠다고 말하는데 이는 사실 게으름의 지배를 받고 있다는 증거요, 행동으로 옮기고 싶지 않다는 자기변명에 불과하다. 사실, 인생과 일에 대한 목표는 '생사'와 직결되는 일이 아니기 때문에 지나치게 세심할 필요는 없다. 또한 목표는 미래에 대한 계획이기 때문에 불확실한 요소가 많을 수밖에 없다. 자신이 감당할 만한 목표인지 실현 가능성이 있는지는 행동하면서 스스로 깨닫게 되는 것이다.

행동은 자신감을 심어주고 헛된 공상을 극복할 수 있게 하는 가장 좋은 방법이다. 결정이 끝났으면 바로 행동에 옮기자. 헛된 공상은 일을 끝없이 지연시킬 뿐이다. 행동의 결과는 성공 아니면 실패로, 확률은 반반이다. 하지만 행동하지 않으면 결과는 오직 실패뿐이다.

헛된 생각은 그만두고 지금부터 행동하자!

O3O
행동할 시간이 되면 생각을 멈추고 돌진하라

미루지 마라. 그렇게 해야만 기회를 잡을 수 있고, 행동할수록 용기가 생겨 끝까지 실천할
수 있다.

시썬[希森희심] 교수는 '당대 유명인들의 일화'를 글거리로 소설을 쓰고
싶었다.

글의 주제가 재미있고 독특해서 사람들의 호기심을 자극하기에 충분했
다. 그리고 시썬 교수는 글 솜씨가 뛰어났기 때문에 가까운 지인들은 그의
책이 출판되기만 하면 부와 명예를 동시에 거머쥘 거라고 말했다.

5년이라는 세월이 흘러 한 친구가 시썬 교수와 이야기를 하던 중, 문득
그 소설 생각나서 물었다.

"시썬, 언제쯤 소설이 완성되나?"

시썬 교수는 지금까지 그 일을 까마득히 잊고 있다가 그제야 생각났다는
듯 말했다.

"아차, 그런 일이 있었지! 근데, 어쩌나. 여태껏 단 한 줄도 쓰지 못했네!"

친구는 교수의 말을 믿을 수 없었다.

시썬 교수는 친구의 의아한 표정을 보고 재빨리 변명했다.

"너무 바빴어. 그것보다 급한 일이 있어서 쓸 시간이 정말 없었다네."

일은 제때 해야지 미뤄서는 안 된다. 새로운 사업을 시작하고자 하는 사람들은 일을 미루려는 인간의 게으른 본성부터 극복해야 한다. 그런 본성이 행동을 방해한다. 결심이 섰으면 즉각 행동으로 옮기는 것이 성공의 지름길이다. 사람들은 일을 할 때 꾸물거리며, 아직 시간이 많이 남았으니 내일 해도 늦지 않는다고 생각한다. 그러나 계속 차일피일 미루다보면 일은 끝없이 지연될 것이다.

역사를 돌아보면 위대한 인물들은 평생 시간과 전쟁을 벌였다는 사실을 알 수 있다. 성공한 사람들은 결코 내일까지 일을 미루는 법이 없고 내일이 오기 전에 모든 일을 마무리 지으려고 애쓴다. 그들은 최대한 할 수 있는 만큼 일을 한 후 내일 이어서 계속한다. 이런 태도가 그들을 성공에 이르게 했다.

생명의 강에는 한 번 지나가면 다시 오지 않는 세월의 파도가 끊임없이 몰아치고 있다. 그것은 우리를 편안한 안식처로 데려다주기도 하고 암초에 부딪치게도 하며 난파시켜 험한 여울로 흘러 들어가게도 한다. 세월의 파도를 다스리지 못하고 정처 없이 표류하겠는가, 아니면 파도의 리듬을 파악해 훌륭한 항해사가 되겠는가?

자신이 흠모하는 여자에게 구애하는 남자가 많다면 당신은 행동으로 마음을 고백할 것인가 아니면 주저하며 그녀가 자신을 바라봐주기만을 기다리겠는가? 꽃이 있을 때 꺾어야지 꽃이 지고 난 다음에 꽃을 꺾으려 하지 마라. 나중에 후회하느니 차라리 한번 시도해보는 게 낫다.

경쟁이 치열한 스포츠 경기가 있다고 하자. 당신이라면 이러한 상황에서 어떻게 하겠는가? 지레 겁을 먹고 물러설 것인가? 아니다. 겁먹지 말고 일단 도전해야 한다. 그렇게 하면 승리하거나, 꼭 그렇지 않더라도 실전 경험을 쌓을 수 있다.

오늘날과 같은 정보화 사회는 속도와 효율을 중시한다. 이런 상황에서는 먼저 행동해야 승리하고, 먼저 행동해야만 생존할 수 있다.

나폴레옹은 "먼저 전투에 임하고 나중에 작전을 세우라"고 했다. 이 말은 망설이거나 주저하지 말라는 뜻이다. 앞을 향해 나아가면서 행동으로 자신의 목표를 실천하는 것이 가장 현명한 방법이다. 행동해야만 정상적인 궤도를 달릴 수 있고 나아가 기적을 창조할 수 있다.

고민하는 데 시간을 낭비하지 마라. 고민은 문제를 해결하는 데 도움이 안 될 뿐만 아니라 오히려 근심만 더해주기 때문이다. 적극적으로 해결 방법을 찾은 후 온 힘을 다해 행동으로 옮기다보면 언젠가 성공하게 된다.

미루지 마라. 일단 행동할 시간이 되면 생각을 멈추고 돌진하라. 그렇게 해야만 기회를 잡을 수 있고 행동할수록 용기가 생겨 끝까지 실천할 수 있다.

031
논쟁은 다른 사람의 생각을 바꾸지 못한다

논쟁에 영원한 승자는 없다.

숲 가운데 강이 있었다. 사자는 강을 사이에 두고 사는 동물들이 좀더 편하게 왕래하고 교역할 수 있도록 다리를 짓기로 했다. 그래서 모든 동물들과 함께 이 일에 대해 논의하기 시작했다.

"다리는 튼튼해야 합니다. 콘크리트로 다리를 만들어야 합니다."

코끼리가 의견을 말하자 토끼가 이를 반대하며 말했다.

"그건 안 되죠. 다리를 콘크리트로 만들다니요. 다리는 깜찍하고 예뻐야 해요. 그런 다리를 만들려면 재료들도 그 조건에 부합해야 하고요."

자신이 말할 차례를 기다리다 지친 당나귀가 짜증 섞인 말투로 말했다.

"다들 그만 하세요. 이런 사소한 문제로 시간 낭비할 게 아니라 핵심적인 문제를 이야기해야죠. 우리가 만들 다리는 제방을 따라 놓을 건가요, 아니면 강을 가로질러 놓을 건가요?"

"바보, 그걸 질문이라고 하는 거야? 다리는 당연히 강을 가로지르지. 강을 따라 놓으면 그게 다리야?"

"제 생각엔……."

"제 생각엔……."

"제 생각엔……."

모든 동물들이 각자의 의견을 주장하고 나섰고, 논쟁만 되풀이하는 바람에 결국 다리는 아예 짓지도 못했다.

같은 문제라도 사람마다 견해가 다를 수 있다. 그런데 어떤 사람들은 자신의 욕구를 채우기 위해 자신의 생각대로 일을 하자고 주장한다. 그 결과 논쟁이 벌어진다.

막무가내식 논쟁은 파괴적인 일이며 인성의 단점 중 하나다. 끝없는 논쟁은 시간과 에너지를 낭비하게 할 뿐만 아니라 근본적인 문제 해결에도 전혀 도움이 되지 않는다. 논쟁은 다른 사람의 생각을 바꾸기는커녕 오히려 자신의 생각을 더욱 고집하도록 만든다.

지혜로웠던 프랭클린은 다음과 같이 말했다.

"당신은 논쟁에서 가끔 승리할 수 있다. 그러나 그런 승리는 아무런 의미도 없다. 자신에게 전혀 도움이 안 되기 때문이다."

즉, 논쟁에 영원한 승자는 없다. 논쟁에서 우위를 점했든 아니든 본질적으로는 모두 패한 것이다. 논쟁에서 다른 사람이 더이상 반박하지 못하도록 만들었다고 해서 무엇이 남겠는가? 잠시 즐거울 수는 있으나 자존심이 상한 상대방은 당신에게 앙심을 품을 것이다. 따라서 다른 사람과 논쟁할 때 말로써 승리할 것인지 아니면 상대를 진정으로 납득시킬 것인지 잘 생각해야 한다.

사실 우리 주변의 많은 논쟁들은 알고 보면 이익과 직접 관계된 것도 아니며, 논쟁할 필요가 전혀 없는 아주 사소한 일들이다. 이야기 속의 동물들도 마찬가지다. 그들은 문제의 핵심을 비껴난 부수적인 문제에 대해서만 열띤 논쟁을 벌였다. 그 결과 공허한 주장들만 난무했다. 이런 논쟁이 무슨 의미가 있는가?

링컨은 동료와 말다툼을 한 젊은 군관에게 이렇게 훈계했다.

"성공하려면 사소한 논쟁으로 시간을 낭비해서는 안 된다. 비중이 똑같은 일로 서로 논쟁한다면 상대에게 양보하라. 설령 자신의 생각이 옳다고 생각되더라도 양보하라. 좁은 통로에서 먼저 지나가려고 개와 싸우다가 물려 죽느니 먼저 지나가게 하는 편이 낫다. 개를 죽인다 하더라도 그 전에 개에게 물려 상처가 남게 될 것이다."

032
자신을 돌아보고 반성하면 기회가 온다

모든 사람들이 타인의 입장에서 자신을 반성할 수 있다면 문제는 저절로 해결될 것이다.

어느 날 여우가 담장을 뛰어넘다가 실수로 발목을 삐었다. 다행히 장미를 붙잡아 고꾸라지지는 않았지만 가시에 다리를 찔려 피를 많이 흘렸다.

다친 여우는 장미를 탓했다.

"이러면 안 되죠. 도와달라고 했지 누가 찌르라고 했어요?"

장미는 말했다.

"당신 잘못이죠. 전 원래부터 가시가 있는걸요. 당신이 조심하지 않아서 찔린 거예요."

여우는 자신의 실수로 생긴 일을 반성하지 않고 오히려 도와준 장미를 원망하다 비난받는다. 사람이라면 누구나 이와 유사한 일을 경험했을 것이다.

사람들은 대부분 자신의 잘못을 반성하기에 앞서 먼저 남을 원망하고 주위 환경을 탓한다. 다른 사람이 고의로 방해해서, 자신에게 실력을 발휘할 기회가 주어지지 않아서, 때가 무르익지 않아서 자신이 실패했다고 생각한다. 그래서 그들은 자기반성을 통해 문제를 해결할 많은 기회를 놓친다. 남을 탓하고 자신을 반성하지 않는 태도는 자신을 막다른 골목으로 몰 뿐이다. 그렇게 되면 결국 영원히 출구를 찾을 수 없게 될 것이다.

사실 이런 심리는 자기중심적인 생각에서 비롯되며, 세상의 많은 재난·고통·실패 역시 이기적인 생각에서 초래된다. 타인의 입장에서 자신을 반성한다면 많은 문제가 저절로 해결된다. 따라서 자신을 반성하고 점검할 수 있는가가 중요하다. 자신을 반성하는 사람은 어떤 상황에서도 분노로 인격을 상실하지 않고, 재물에 의지가 흔들리지 않으며, 의심으로 이성이 마비되지 않는다. 자신을 반성할 수 있어야 경중을 따져 취사선택하고 조화로운 삶을 살 수 있다.

자신을 반성할 줄 아는 사람이 곧 자신을 잘 이해하는 사람이다. 그들은 '내 능력은 어디까지인가? 나의 장단점은 무엇인가? 내가 실수한 점은 없는가?'를 생각한다. 그래서 그들은 빨리 자신의 장단점을 발견하고 문제를 해결할 방법을 찾는다.

물론 자신을 반성하는 일은 쉽지 않다. 자신을 솔직하게 반성할 용기도 필요하고, 정신적인 고통도 참아내야 한다. 동서고금을 막론하고 위인과 지자知者들은 반성을 통해 내면의 적을 무찌르고, 영혼 깊은 곳에 있는 먼지를 씻어냄으로써 자신의 정신세계를 맑게 했다.

프랑스의 위대한 사상가 루소는 소년 시절 도둑질을 하고 여자 하인에게 누명을 씌웠다. 착한 여자 하인은 아무 말도 못하고 그 일로 억울하게 주인에게 해고당했다. 그 후 루소는 자신의 비열한 행동을 탓하며 괴로워했다.

그는 "괴로움에 잠 못 이루면서 불쌍한 하인이 나를 비난하는 환영을 보았다. 너무도 생생해 방금 전에 나쁜 짓을 한 것 같은 착각이 들었다"라고 말했다. 루소는 자신의 유명한 저서 『참회록』에서 자신을 철저하고 신랄하게 비판했다. 그는 자신이 어린 시절 저지른 잘못을 '비열한 짓'으로 간주하고 자신을 평생 죄책감에 시달리게 했던 그때 일을 사람들에게 털어놓았다. 자신의 잘못을 참회하고 반성하는 모습을 거리낌 없이 보여준 것이다.

증자曾子는 말했다.

"나는 하루에 여러 차례 나 자신을 반성한다. 남을 위해 일을 도모하는 데 정성을 다하지 않은 것은 아닌가? 벗과 사귀는 데 진실하지 않은 것은 아닌가? 전수받은 진리를 복습하는 데 게을리하지 않은 것은 아닌가?"

이러한 반성은 자신의 내면을 점검하는 연습이다. 이러한 연습이 몸에 배면 삶의 지혜가 생기고, 자신을 뉘우치고 돌아볼 수 있는 좋은 기회도 얻는다.

033
몰래 남을 음해하면 자신도 다친다
다른 사람에게 의존해서 성공하려는 생각은 자신을 성공에서 더욱 멀어지게 만들 뿐이다.

사자 대왕이 부엉이와 뱀에게 생쥐를 잡아오라 명령하면서 많이 잡은 쪽에 상을 내리겠다고 했다. 부엉이와 뱀은 곧바로 생쥐를 잡기 시작했다. 그런데 뱀은 나무 바로 옆에 있는 생쥐를 잡지 않고 나무에 기어오르고 있었다. 그 모습을 본 기린이 답답한 마음에 물었다.

"대왕께서 생쥐를 잡아오라고 했는데 왜 생쥐를 보고도 안 잡죠? 그리고 나무 위에는 생쥐도 없는데 왜 올라가는 거죠?"

"쉿, 조용히 해요."

뱀이 붉은 혀를 날름거리며 말했다.

"나무 위에 있는 부엉이 보이죠? 올라가 물어 죽여야 해요."

기린은 깜짝 놀랐다.

"부엉이를 죽인다고요? 대왕께서 당신 둘에게 생쥐를 잡아오라고 하지 않았나요?"

"부엉이를 죽여야 내가 쥐를 더 많이 잡을 수 있지 않겠어요? 그래야 상도 내 몫이 되죠."

뱀은 그렇게 말하며 사악한 미소를 지었다.

뱀은 정말 음험하고 독한 마음을 품고 있었다. 뱀은 대왕의 상을 받으려고 생쥐를 잡는 일보다는 자신의 경쟁자를 음해하는 데 더 많은 시간을 썼다. 뱀에게 부엉이는 경쟁자가 아니라 양립할 수 없는 적이었다.

당신은 이와 같은 잘못을 저지른 경우가 없는가? 회사에서 직원들에게 한 달 안에 고객 열 명을 가입시키면 인센티브 3만 위안을 지급할 것을 약속했다고 치자. 당신은 인센티브 때문에 동료를 예의 주시하며 특히 실적이 좋은 동료를 경쟁자로 여겨 기회만 있으면 그를 방해하고 곤란에 빠뜨리지는 않을 것인가? 또한 수단과 방법을 가리지 않고 그의 고객을 뺏으려고 하지는 않을 것인가?

현재 우리는 치열한 경쟁 사회 속에서 살고 있지만 이익 때문에 경쟁을, 상대방을 공격하고 음해하는 나쁜 수단으로 이용해서는 안 된다. 잘못이 있으면 바로 지적하고, 견해차가 있을 때는 공개적으로 논의하며, 불만이 있으면 당사자 앞에서 욕을 할 수는 있지만 절대로 뒤에서 욕하거나 공격하지는 말아야 한다. 그것은 양쪽이 함께 망하는 길이다. 파트너가 되지 못할망정 적은 되지 말아야 한다. 남을 돕지는 못할망정 남을 음해하지는 말아야 한다.

사람들은 뒤에서 남을 음해하고 욕할 때 통쾌함을 느낀다. 하지만 이것은 인성의 추악한 일면이며 직장 생활에서 가장 위험한 행동 중 하나다. 그 결과, 보통은 동료에게 배척당할 것이고 심할 경우는 직장에서 쫓겨날 것이며 최악의 경우 하루아침에 지위와 명예를 한꺼번에 잃을 수도 있다. 만약 당신이 사업상의 경쟁 상대를 '적'이나 '원수'로 여기고 무너뜨리기 위해 수단과 방법을 가리지 않는다면 자신을 한번 돌아볼 필요가 있다. 회사의 오너는 결코 자신의 직원들이 서로 반목하기를 바라지 않는다. 사장은 전 직원이 저마다의 장점을 발휘해 회사에 보탬이 되기를 바라지, 서로 배척하면서 회사에 불이익을 주는 행동은 원하지 않는다. 동료들 역시 이간질하고 비열하게 행동하는 사람을 싫어한다. 사람들은 진실한 사람과 함께 일하고 싶어 한다. 따라서 공평, 공정, 상호 존중을 모르는 사람은 모든 이의 신뢰를 잃게 된다.

누군가 비열한 방법으로 당신을 곤궁에 빠뜨렸을지라도 그에 맞설 필요는 없다. 언제까지 서로 보복할 것인가? 한 번 참으면 모든 일이 잘 풀릴 것이고 한 번 양보하면 마음에 평화를 얻는다. 자신보다 강한 자를 음해하는 일은 주제도 모르는 어리석은 행동이고, 자신보다 약한 상대를 음해하는 일은 설상가상으로 자신의 악랄함만 더욱 드러내는 일이며, 자신과 실력이 비슷한 사람을 음해하는 일은 자신을 더욱 피곤하게 할 뿐이다. 남을 음해하는 일은 곧 자신을 해치는 일이다. 자신의 가족과 친구들뿐만 아니라 모든 사람을 진심으로 대해야 한다. 증오하는 사람은 멀리하면 되고, 미워하는 사람은 무시하면 그만이고, 의심하는 사람은 피하면 된다. 이렇게 그들에게 해를 끼치지 않아야 당당해질 수 있다. 누구나 남들로부터 미움과 의심을 살 수 있다. 그런 상황에서 남들이 당신을 음해하려 한다면 싫을 것이다. 그러나 당신의 그런 생각은 모두 개인적인 편견에서 비롯될 수 있다는 사실을 명심하자. 무지보다 편견이 진리와 더 멀리 떨어져 있다.

034
이익은 우정을 시험하는 시금석이다

취해야 술맛을 알고, 이별 후에야 진정한 사랑이었음을 알게 된다. 이익 앞에 흔들리지 않
는 우정이야말로 평생 소중히 여길 만한 것이다.

어떤 사람이 검은 개 한 마리와 흰 개 한 마리를 기르고 있었는데, 둘은
사이가 나빴다. 어느 화창한 날, 개 두 마리가 문밖 담벼락에 누워 햇볕을
쬐고 있었다. 한참 말이 없다가 개 두 마리는 약속이나 한 듯이 동시에 입을
열었다. 그들은 인간 세상의 병폐, 미와 추, 선과 악 그리고 우정에 대해 이
야기했다.

검은 개가 말했다.

"난 인생에서 진실하고 믿을 만한 친구와 기쁨과 고통을 함께하고 우정
을 키워나가는 일이 가장 행복한 일이라 생각해. 이보다 더 행복한 일이 어
디 있겠니? 그간의 적대 관계를 청산하고 좋은 친구가 된다면 앞으로 우리
는 훨씬 행복해질 거야. 어떻게 생각하니?"

"맞아, 맞아, 정말 좋은 생각이야. 우리 지금부터 사이좋게 지내자. 그리

고 함께 행복을 즐기자."

흰 개가 흔쾌히 동의하자 검은 개는 감격해서 말했다.

"네가 동의하니 정말 기뻐. 예전에 우리는 걸핏하면 싸우고 하루도 조용히 넘어간 날이 없었지. 잘 생각해보면 그럴 필요도 없었는데 말이야. 우리는 함께 주인님의 집을 지키고 주인님도 공평하게 우리를 대해주시는데 왜 싸웠을까 몰라."

그래서 두 마리 개는 기쁨에 서로를 꼭 껴안으며 큰 소리로 외쳤다.

"우정 만세! 싸움, 질투, 원망아, 모두 사라져라!"

이때 주인이 맛있는 뼈다귀 하나를 개들에게 던졌다. 그 순간 개 두 마리는 동시에 뼈다귀를 덮쳤고 서로 먼저 먹으려고 싸웠다. 보다 못한 주인이 물을 퍼붓자 그제야 두 원수는 떨어졌다.

"열 길 물속은 알아도 한 길 사람의 속은 알 수 없다"는 속담이 있다. 자신의 친구를 100% 믿는다고 자신 있게 말할 수 있는 사람은 아마 드물 것이다. 친구를 완전히 믿는다고 허풍을 떨 사람도 없을 것이다. 우리는 주변에서 이런 상황을 자주 본다. 이익이 개입되지 않을 때는 친구나 동료와 더없이 잘 지내고 온 세상이 아름답고 행복하게 보인다. 이때는 우정이 깊어지고 행복을 느끼며 인간의 이기심은 나타나지 않는다. 그러나 절친한 친구가 동료가 되면 그때부터 우정은 여러 가지 이유로 금이 가기 시작한다. 승진 때문에 비열한 방법을 쓰며 겉으로는 친한 척하지만 속으로는 밀어내야 하는 경쟁자로 여긴다. 친구끼리 상하 관계가 됐을 때는 둘 사이에 엄청난 거리감이 생기며 우정은 온데간데없이 사라지고 서로 미워하며 반목한다. 이렇게 둘 사이에 공적인 이익이 개입될 때 우정은 쉽게 금이 간다. 특히 속마음을 알 수 없고 이해타산이 빠른 친구와 함께 일을 할 때라면 우정이 자신의 보호막이 되어줄 거라고 생각해서는 안 된다. 큰 낭패를 볼 수도 있다.

이해관계 때문에 금이 가는 우정은 진정한 우정이라 할 수 없다. 진정한 우정은 어떤 상황에서든지 서로 돕고 신뢰하는 것이다. "취해야 술맛을 알고 이별 후에야 진정한 사랑이었음을 깨닫게 된다"는 속담이 있다. 우정도 마찬가지다. 진정한 우정은 평생 서로 함께하고 도와주고 아껴주는 것이다. 그러므로 좋은 친구는 인생의 소중한 자산과도 같다.

진정한 친구란 서로 기쁨을 나누는 일보다 서로 힘들 때 이해하고 도와주는 것이다. 우정이 깊고 신뢰가 쌓이다보면 자연히 그렇게 된다. 좋은 친구라면 둘 사이에 문제가 생겼을 때 긍정적인 쪽으로, 단순한 견해차 정도로 가볍게 생각할 것이다. 만일 생각의 차이가 클 경우에는 잘잘못을 따지기보다는 시간이 해결해주기를 기다리며 우정에 금가는 일을 해서는 안 된다.

이를 위해서 당신은 개인적인 욕심을 버리고 남을 존중하며 배려하는 자세를 가져야 한다. 그러면 그 어떤 시련 속에서도 우정은 변치 않을 것이다.

035
경계하는 마음은 성공적인 인생의 보호막이다

고의로 사람을 해치는 것은 수치스러운 일이다. 그런 사람은 항상 경계해야 한다

밀림의 왕 사자가 병이 나 동굴에서 병을 치료하고 있었다. 그 소식을 듣고 밀림에 사는 동물들이 병문안을 갔다.

토끼, 원숭이, 양, 사슴은 함께 사자가 있는 동굴로 들어갔다. 그들이 어두운 동굴에 채 적응하기도 전에 사자는 재빨리 동굴 입구를 막아버리고 그들을 모두 잡아먹었다. 사자가 그럴 줄 누가 예상했겠는가?

알고 보니 나이 들어 기력이 떨어진 사자는 더이상 자신의 힘으로 먹이를 잡을 수 없었다. 그래서 생각해낸 방법이 병들었음을 가장해 동굴 속에 숨은 뒤 동물들이 제 발로 자신을 찾아오도록 한 것이다. 그러면 손쉽게 배를 채울 수 있으니 말이다. 그 속임수에 넘어간 희생양이 토끼, 원숭이, 양, 사슴이었던 것이다.

여우도 사자가 병이 났다는 소식을 듣고 선물을 들고 병문안을 갔다. 조

심성 많은 여우는 동굴 입구 여기저기에 나 있는 발자국들을 발견했다. 그런데 모두 동굴 안쪽으로만 향하는 것뿐이고, 밖으로 향하는 발자국은 없었다. 여우는 이상한 생각이 들어 동태를 살피기로 했다.

여우는 우선 조심스럽게 몇 걸음 물러난 뒤 큰 소리로 동굴 안을 향해 외쳤다.

"사자 대왕님, 아직 누워 계십니까? 건강은 좀 어떻습니까?"

한참 맛있게 고기를 먹고 있던 사자는 여우의 목소리를 듣고 재빨리 다 죽어가는 목소리로 대답했다.

"많이 나아진 것 같은데 여전히 힘이 없구나. 여우야, 병문안 와줘서 고맙구나. 들어와서 나랑 이야기나 하다 가렴."

"밖에서도 충분히 이야기할 수 있으니 걱정 마세요. 목 운동하는 셈치고 이렇게 얘기하죠, 뭐. 들어갈 필요까지는 없을 것 같아요."

과연 동물들 말대로 여우의 눈치가 빠르다고 생각한 사자는 여전히 아픈 척을 하며 말했다.

"기운이 없어 큰 소리로 말을 하려니 힘들구나. 그러지 말고 들어와서 이야기하는 것이 어떻겠느냐?"

여우는 재치 있게 말했다.

"토끼, 원숭이, 사슴 모두 같이 있지 않나요?"

깜짝 놀란 사자는 잠시 말이 없더니 더듬더듬 대답했다.

"오, 그래……. 아직 여기서 놀고 있단다. 너도 들어와 함께 어울리지 그러냐?"

여우는 사자가 더듬거리며 대답하는 것을 듣고 본능적으로 뒷걸음질쳤다. 이쯤 되자 사자도 여우를 놓치지나 않을까 마음이 조급해졌다.

"들어올 거야 말 거야? 안 들어오면 내가……."

사자는 말을 끝맺지도 않고 밖으로 뛰어나와 여우를 덮치려 했다.

다행히 여우는 입구에서 멀리 떨어져 있어 도망칠 수 있었다. 이미 늙고 쇠약해진 사자가 어떻게 젊고 건강한 여우를 쫓아갈 수 있겠는가!

조심스럽고 영리한 여우는 수상한 발자국을 보고 사자의 속셈을 알아차렸다. 그래서 토끼, 원숭이 일행과 달리 목숨을 건질 수 있었다. 이 이야기를 통해 우리는 남을 해치려는 마음을 품은 사람을 경계해야 한다는 교훈을 얻을 수 있다. 이러한 이야기는 현 사회의 부정적인 면을 반영하는 것이므로 반드시 명심해야 한다. 남을 해치려는 악한 마음은 애초에 품지 말아야 하고, 그런 사람은 항상 경계해야 한다.

사람들의 내면에는 스스로 통제하기 어려운 부정적인 면이 있다. 사람은 이익 앞에서는 그것의 지배를 받아 수단과 방법을 가리지 않고 무슨 짓이든 한다. 이 말은 절대 과장이 아니다. 눈을 크게 뜨고 주위를 바라보면 사자처럼 온갖 속임수를 쓰는 사람이 많다는 사실을 알 수 있다. 어린이와 여성을 납치하는 인신매매범, 사기로 남의 재산을 가로채는 사람, 무고하게 남을 모함하는 사람, 직위를 악용해 국유재산을 횡령하는 사람 등 비즈니스에서는 사기 수법이 다양하다. 우리는 그들의 아주 그럴듯한 연기에 그들이 정말 믿을 만한 사람이라고 착각한다. 우리가 그들에게 감사해할 때, 그들은 속으로 비웃으며 걸려들었다고 쾌재를 부를 것이다. 그 결과 많은 사람들이, 경계심이 없거나 너무 착해서, 또 요행을 바라는 마음 때문에 속아 넘어가 엄청난 대가를 치르고 만다. 따라서 항상 경계의 고삐를 늦추지 말아야 하며 누군가 자신을 속이려 할 때 그 사람의 진심과 속셈이 무엇인지를 살

피고 경계해야 한다.

인생은 아름답지만 복잡하다. 우리는 생활의 아름다움을 즐기면서 동시에 생활의 어두운 면을 용감하게 직시해야 한다.

'지피지기면 백전백승'이라는 말처럼 먼저 그들의 사기 수법을 알아보자. 사기꾼들은 대부분 상대방의 마음을 끈 후에 속임수를 쓴다. 아는 사람과의 관계, 중개인의 명의, 특수한 신분을 이용하거나 본인이 어려움을 당해 도움이 절실하다는 핑계 또는 상대방에게 먼저 이득을 보게 하여 그의 마음을 사로잡은 후에 속이는 방법 등이 있다.

그렇다면 어떻게 해야 사기를 당하지 않을까? 우선 경계심을 늦추지 말고 이성적으로 상대를 파악해야 한다. 자신의 능력을 과장하거나 당신을 위해 발 벗고 나설 것처럼 적극적으로 행동하는 사람은 특히 주의해야 한다. 웃는 얼굴 뒤에 칼을 품고 있을지도 모르니 말이다. 이런 사람들을 조심하고 사전에 준비하며, 절대로 경솔히 행동하거나 '작은 이익'을 탐해서는 안 된다.

속임수에는 반드시 단서가 있게 마련이므로 눈을 크게 뜨도록 하자.

036
다른 시각으로 문제에 접근하라

다른 시각으로 보면 시련 속에 내재하는 긍정적인 가치를 발견할 수 있다. 이것은 자아를 초월하는 계기가 된다.

어느 날 밀림의 왕 사자가 하느님을 찾아갔다.

"저에게 크고 당당한 몸집과 강한 힘 그리고 밀림을 지배할 만한 능력을 주셔서 감사합니다."

이 말을 들은 하느님이 웃으며 물었다.

"그 말을 하러 날 찾아온 것 같진 않구나. 보아하니 고민이 있는 듯한데?"

"맞습니다. 부탁이 있어서 왔습니다. 저는 누구보다도 강하지만 매일 아침 닭 울음소리에 놀라서 깹니다. 하느님! 제발 부탁이니 저에게 닭 울음소리에 놀라지 않을 능력을 주십시오."

"코끼리를 찾아가거라. 네가 만족할 만한 답을 줄 것이다."

사자는 한걸음에 코끼리가 있는 강가로 갔다. 그러나 코끼리는 보이지 않고 쿵쿵 발 구르는 소리만 들리는 게 아닌가.

소리 나는 곳으로 달려가보니 코끼리가 화난 표정으로 발을 구르고 있었다. 사자가 코끼리에게 물었다.

"왜 그렇게 화가 난 거요?"

코끼리는 힘껏 큰 귀를 흔들며 울부짖었다.

"못된 모기가 귓속으로 들어가서 간지러워 미칠 지경이라오."

사자는 속으로 생각했다.

'저렇게 덩치가 큰 코끼리도 작은 모기를 두려워하는데 내가 닭을 두려워한다고 창피해할 이유는 없지. 그리고 닭 울음소리는 하루에 한 번뿐이지만 모기는 시도 때도 없이 코끼리를 못살게 괴롭히잖아. 그래도 난 양호한 편이군.'

사자는 걸어가는 동안, 여전히 발을 구르고 있는 코끼리를 보며 생각했다.

'하느님께서 코끼리를 찾아가보라고 한 것도 누구나 힘든 일을 겪지만 그렇다고 해서 그때마다 도와줄 순 없다는 점을 말씀하시려 했던 거야. 그렇다면 혼자서 해결할 수밖에 없지. 다음부터 닭이 울면 닭이 나한테 일어날 시간을 알리는 거라고 생각해야겠어. 그럼 닭 울음소리도 두렵지 않고 오히려 듣기 좋은 소리로 느껴질 테니까.'

우리는 평탄한 인생길에서 예상치 못한 시련이 닥치면 하느님이 자신을 미워한다고 원망하며 자신이 시련을 이겨낼 수 있도록 더 많은 능력을 달라고 기도한다. 그러나 하느님은 매우 공평하다. 그가 사자와 코끼리에게 그랬던 것처럼 말이다.

살아가면서 부딪치는 문제를 조금만 다른 시각으로 보면 시련 속에서도 긍정적인 가치를 발견할 수 있다.

어떤 의미에서 볼 때 시련은 새로운 지식을 배우는 과정이며 자아를 초월할 수 있는 계기가 된다.

'운명이 우리에게 딱 레몬 한 개만 주었을 때 우리는 그것으로 레몬주스한 잔을 만들 것이다.'

시련 속에서 긍정적인 가치를 발견할 때 당신은 불행을 행복으로 바꿀 수 있다. 똑같은 시련 앞에서도 사람마다 다른 반응을 보인다. 그것은 시련을 대하는 마음가짐이 다르기 때문이다.

장미 정원에 놀러온 두 소녀가 있었다. 낙관적인 소녀는 '가시마다 꽃이 있다'는 사실을 발견한 반면 비관적인 소녀는 '꽃마다 가시가 있다'는 사실을 발견했다.

오늘 자신이 어느 위치에서 훌륭히 일을 처리했을지라도 끊임없이 변하는 사회에서는 내일 당장 도태될 수도 있다. 그러므로 예상치 못한 시련이 닥치더라도 이겨낼 수 있도록 긍정적인 마음으로 자신의 감정을 조절해야한다. 전전긍긍하다보면 상황은 더욱 나빠진다. 그러나 상황에 맞게 자신의 감정을 조절하면 지금보다 더 나은 결과를 얻는다.

사람들은 '어떤 분야에서든 자신보다 뛰어난 사람이 있을 수 있다'는 사실을 인정하면서도 실제로 그런 상황에 처하면 생각이 달라진다. 예를 들어 정리 해고를 당한 경우 사람들은 대부분 굶어 죽는 한이 있더라도 아무 일이나 할 수는 없다고 생각한다. 이는 자신의 감정을 제대로 조절하지 못했다는 증거다.

누구나 살다보면 시련을 겪는다. 그러나 자신이 인생이라는 배의 키를 잡고 있다는 생각으로 스스로를 되돌아본다면, 더 밝은 미래를 맞이하게 될 것이다.

037
어리석은 근시안

눈앞의 이익을 탐하지 말고 자신이 추구하는 바를 끝까지 견지해야 후회 없는 삶을 살게 될 것이다.

어느 날 아침 할머니가 깜짝 놀라 외쳤다.

"영감! 영감! 굉장한 일이 일어났어요! 우리 집 암탉이 황금알을 낳았지 뭐예요!"

그날부터 암탉은 매일 황금알을 낳았고, 황금알은 비싼 가격에 팔렸다. 가난했던 노부부는 금방 부자가 되었다. 그러나 그들은 더 많은 황금알을 가지고 싶어 했다.

"영감, 암탉은 황금알을 매일 하나씩만 낳잖아요? 그렇다면 요녀석 배 속에는 황금알이 가득 차 있지 않을까요."

할머니의 말이 끝나자마자 할아버지는 암탉을 죽여 배를 갈랐다. 그러나 황금알은 어디에도 없었다.

"아이코, 이를 어째! 암탉이 살아 있다면 매일 한 알이라도 얻을 텐데. 이젠 그것마저 얻을 수 없게 됐구려."

황금알 이야기는 '소탐대실小貪大失'의 경우를 잘 말해주고 있다. 우리는 모두 눈앞의 이익에 눈이 멀어 장래의 더 큰 이익을 잃는 것이 얼마나 어리석은 행동인지 잘 알고 있음에도 불구하고 일상생활에서 자신도 모르게 종종 이 같은 행동을 한다.

어떤 전공이 인기가 있으면 사람들은 모두 자신이 진정으로 좋아하는 것을 포기하고 그 대열에 끼어든다. 하지만 졸업할 즈음에는 자신 같은 사람이 너무 많아 일자리도 찾지 못하게 된다. 이미 그때는 원래 자신이 좋아하던 분야를 공부해도 결코 쉽지 않음을 깨닫는다. 즉, 단기적 안목은 모든 일의 불균형을 초래하며 우리들은 그 속에서 진정한 자신을 잃는 것이다.

고등학생 딸을 둔 한 어머니가 있었다. 대부분의 부모들이 인기 학과 합격을 위해 모든 취미 활동을 막고 오로지 공부만을 자식들에게 강요할 때, 딸의 미래를 염두에 둔 그녀는 여가 시간을 이용해 회화 등 예술 공부도 많이 하도록 격려했다. 입시를 앞두고 딸이 인기 없는 예술디자인학과를 지원할 때도 적극 찬성했다. 딸은 자신이 가장 자신 있어 하는 분야를 전공으로 택했기 때문에 성적도 아주 좋았다. 졸업 후, 직장 생활을 하면서 표지디자인 공모전에 참가해 대상을 받아 누구보다 먼저 자신의 사업성을 발휘할 수 있었다.

눈앞의 작은 이익을 탐하지 말고 자신이 추구하는 바를 견지하며 자신이 진정으로 잘하고 좋아하는 분야를 더욱 발전시켜라. 그래야 성공할 수 있고 자신의 선택에 후회하는 일도 없을 것이다.

038
노력보다 강한 힘은 없다
평범함을 탈출하는 가장 좋은 방법은 열심히 사는 것이다.

옛날에 악필인 소년이 있었다. 하루는 서예 대가가 지나가는 것을 보고 소년은 스승으로 모실 테니 글씨 쓰는 법을 가르쳐달라고 간곡히 청했다. 대가는 흔쾌히 가르쳐주겠다고 약속하면서 반드시 자신의 비싼 종이로 연습할 것을 부탁했고, 우선 먼저 몇 자 적어 보여달라고 했다. 소년은 비싼 종이를 아주 소중히 다루었는데 하도 아까워 함부로 글을 쓸 수가 없었다. 그래서 소년은 우선 어떻게 하면 글을 잘 쓸 수 있을지를 생각하며 손가락으로 수차례 연습한 후에 종이에 적었다. 종이에 쓴 글씨는 지금까지 소년이 썼던 그 어떤 글씨보다 잘 쓴 것이었다. 글씨를 본 대가는 소년에게 사실 자신이 준 종이는 다른 종이와 다를 바 없는 평범한 종이였다고 말했다.

같은 종이, 같은 붓이었는데 어떻게 이렇게 글씨체가 달라졌을까? 이유는 소년의 마음가짐이 달라졌기 때문이다. 종이가 비싸다는 말에 신중하게 글씨를 썼기 때문에 소년의 글씨가 이전보다 훨씬 나아졌던 것이다. 열심히 일을 하는데 성공하지 못하고 있다면 자신을 되돌아보라. 맡은 바 임무에 최선을 다하고 있는지 아니면 대충대충 하고 있는지를……

주변을 살펴보자. 늘어만 가는 음주 운전 사고, 낙성식을 하루 남겨두고 무너진 교각, 폭죽 공장의 갑작스러운 폭발 사고, 누전으로 인한 공장 화재 등 이런 일들은 모두 엄청난 경제적 손실일 뿐만 아니라 다른 부정적인 영향도 초래한다. 그런데 우리는 관리상의 문제점을 조사할 때, 작지만 중요한 '작업 태도'를 고려하는가?

엄숙하고 근면하기로 소문난 독일인들을 보자. 우리는 독일인들이 중국 요리를 만들 때 저울로 소금의 양을 맞추는 것을 보고 비웃는다. 하지만 이를 통해 독일인들의 진지한 생활 태도는 왜 발견하지 못하는가? 독일에는 낚시를 할 때 작은 물고기를 낚으면 반드시 놓아주어야 하는 법이 있는데, 어른뿐만 아니라 어린아이 모두 이것을 잘 지킨다. 또 독일의 어른들에게는 어린아이를 감독하고 지도할 책임과 의무가 있다. 그래서 어린아이가 법을 어기고 작은 물고기를 놓아주지 않는 것을 보았을 때 비록 자신이 모르는 아이일지라도 그 자리에서 바르게 행동하도록 가르친다. 그들은 모든 일상적인 도덕규범 역시 잘 지킨다. 열심히 일하고 생활하며 아이들을 돌본다. 이 때문에 전후 독일이 빨리 발전할 수 있었고 오늘날 독일과 독일 제품이 세계의 주목과 신뢰를 받을 수 있었다.

세상에 불가능한 일은 없다. 열심히 생활한다면 우리는 성공의 길로 들어설 수 있다. 그리고 모든 사람들이 자신의 맡은 바 일을 열심히 한다면 우리 사회는 더욱 아름다워질 것이다.

039
나약함은 운명에 대한 굴복이다

비굴하고 나약한 태도는 더 큰 굴욕과 절망만을 준다. 맞서 싸우는 것이 최선의 선택이다.

갑과 을이라는 두 마리 양이 산골짜기에서 늑대를 만났다.

갑이라는 양은 늑대를 보자마자 머리를 숙이고 발에 힘을 준 채 당장이라도 늑대를 향해 돌격할 것처럼 전투 자세를 취했다. 반면 을이라는 양은 덜덜 떨며 늑대에게 제발 살려달라고 애원했다.

늑대는 잔인하게 웃음 지으며 을에게 다가왔다.

"착하기도 하지! 난 너처럼 착한 애들이 좋아!"

을은 여전히 벌벌 떨면서 물었다.

"제 어떤 점이 마음에 든다는 거예요?"

바로 그때 늑대가 을을 덮치며 말했다.

"나는 너의 이런 순한 모습이 마음에 들어. 힘들이지 않고 먹이를 먹을 수 있거든."

말이 끝나기가 무섭게 늑대는 을의 목덜미를 물어뜯었다.

나약함은 인성의 '고질병'이다. 나약함 때문에 우리는 너무 쉽게 암흑과 타협하며 기회 앞에서도 시련에 부딪치면 주저하고 만다. 그로 인한 결과는 더 큰 굴욕감과 절망감만이 올 뿐이다. 그러므로 우리는 나약한 마음을 버려야 한다. 불의 앞에서 못 본 척하거나 한패가 되지 말고 정의를 지키며 정정당당히 맞서야 한다. 모욕을 당했을 때, 특히 여성일 경우 참아 넘기지 말고 상대에게 맞서 재치 있게 응수해야 한다. 부당한 일을 보았을 때 한탄하거나 참지 말고 정의를 위해서 적극적으로 행동해야 한다. 적의 동정심을 유발하려고 해서는 안 된다. 압력이나 부당한 대우를 받았을 때 비굴함과 나약함을 앞세운 대응으로는 절대 상황을 개선시키지 못한다. 용감히 맞서는 것이 바로 최선의 선택이다.

『손자병법』에 "심리전으로 기를 꺾는 것이 상책이다"라는 말이 있다. 한 국가를 정복하려면 우선 상대의 저항 의지를 꺾어야 한다. 그러면 싸우지 않고도 항복을 얻을 수 있다. 한 민족이 자국의 역사와 문화 그리고 태동의 뿌리를 의심하고 무시한다는 것은 곧 멸망의 날이 머지않았다는 뜻이다. 과거 역사를 돌아보면 한 나라가 싸우지 않고 망하는 이유는 바로 정신이 무너졌기 때문이다. 우리는 '풍랑이 몰아치더라도 느긋하게 배에 앉아 있을 수 있는 이성적인 사고를 항상 유지해야 한다. 사람마다 일에 대한 나름의 타산을 가지고 어리석은 행동을 하지 말아야 한다. '아니다'라고 말해야 할 땐 '아니다'라고 말할 수 있어야 한다. 이를 통해 자신을 더욱 강하게 만들어야 한다.

어떤 사람들은 성장하면서 주로 외부 세계의 영향을 받는다. 예를 들어 순종과 의존 혹은 회피의 방식으로 어떤 이익을 얻는다든지, 책임을 덜고 타인의 총애를 받거나 특별한 배려를 받는 등 그들은 대체로 철이 늦게 들며 같은 또래의 사람들보다 일을 꼼꼼히 처리하지 못하고 책임감이 부족하며 나약하다. 이럴 때 우리는 어떻게 이것을 고칠 수 있는가?

첫째, 자신에 대해 정확히 평가하고, 있는 그대로의 장단점을 파악하며, 자신이 다른 사람보다 못하지 않다고 믿어야 한다. 어떤 일 앞에서도 당당하고 분명하게 자신을 표현해야 한다.

둘째, 장소에 적절한 자신만의 표현법을 익혀야 한다. 자신이 할 수 있고 잘하는 일을 많이 한다. 성공은 자신감과 용기를 북돋워주기 때문에 끊임없이 자신의 능력을 발휘할 기회를 찾아야 한다.

셋째, 자신을 끊임없이 발전시켜야 한다. 자신의 부족한 점을 파악하여 굳은 결심과 강한 의지로 부족한 점을 극복하며 끊임없이 자신을 개발해야 한다.

넷째, 어떤 일에 부딪쳤을 때 신중하고 결단력 있게 행동하는 처세술을 길러야 한다.

위에 소개한 네 가지 사항만 제대로 지킨다면 나약함과 비굴함을 극복한 강인하고 용감한 자신과 만나게 될 것이다.

040
다른 사람의 도움에 감사해야 한다

붉은 꽃이 아무리 예뻐도 잎이 없으면 금방 시들어버린다. 아무리 대단한 꿈이라도 주변 사람들의 도움 없이는 공상이 되고 만다.

어리석은 한 젊은이가 부친의 유산을 물려받았다. 사방이 튼튼한 울타리로 둘러쳐진 포도밭으로, 그 안에는 울창한 포도나무들이 가득했다.

젊은이는 울타리에는 포도가 열리지 않으니 없애도 된다고 생각했다. 그래서 그는 포도밭을 둘러싸고 있는 모든 울타리를 베어버렸다.

얼마 후, 포도밭의 포도나무들이 점점 망가져갔다. 울타리를 베어버리자 사람과 짐승들이 마음대로 포도밭에 들어와 나무를 짓밟았기 때문이다.

젊은이는 그제야 깨달았다. 비록 포도가 열리진 않지만 포도밭을 보호해주는 울타리도 나무만큼 중요하다는 사실을.

붉은 꽃이 아무리 예뻐도 잎이 없으면 곧 시들어버리며, 아무리 좋은 포도밭이라도 울타리가 보호해주지 않으면 망가져버린다. 성공한 사람들 뒤에는 말없이 그들을 도와준 사람들이 있다. 도와준 사람들이 없었다면 오늘날 그들의 화려함도 없을 것이다. 그러므로 우리는 정상의 자리에 섰을 때 반드시 자신을 도와준 가족과 친구, 동료들을 잊지 말아야 한다. 그들의 배려와 도움이 있었기에 당신은 성공한 것이다. 이 사실을 너무도 잘 알기 때문에 성공한 순간, 그동안 자신을 도와준 주변 사람들에게 감사하고 그들을 '이름 없는 영웅'으로 대접한다.

우리는 사람들과 어울려 생활한다. 이 때문에 우리에게는 주위의 이해와 인정이 필요하고, 사업이 성공 가도를 달릴 때는 항상 우리의 노력과 부지런함을 남에게 보여주면서 타인의 지지를 받는다. 부모님들은 고생하면서 우리를 어엿한 성인으로 길러주셨고, 선생님들은 철없던 우리들을 정성껏 지도하여 훌륭한 인재로 길러주셨다. 우리는 또 친구의 응원과 격려를 통해 인정과 우정을 배웠다. 그들은 우리의 대지이며, 아마 그들이 없었다면 우리의 성공도 없었을 것이다.

오늘날은 개인의 개성을 충분히 발휘할 수 있는 시대다. 그렇다고 주위 사람들을 의식하지 않고 자신의 개성만을 추구할 수 있는 것은 아니다.

만약 누군가 주변의 도움에 감사해하지 않고 독단적으로 행동한다면, 그는 분명 배척당하거나 아무런 성과도 거두지 못할 것이다.

당나라의 유명한 재상이었던 위정魏征은 "물은 배를 띄울 수도 있고 뒤집을 수도 있다"라는 말을 했다. 평상심을 유지하고 주변 사람들의 도움에 감사할 줄 알아야 성공할 수 있고, 행복한 인생을 살 수 있다.

O41
내가 생각하고 내가 행하고 내가 성공한다

어떤 시련을 만났을 때 지혜와 행동이 공존해야 시련을 이기고 생명의 한계를 극복할 수 있다.

길 잃은 아기양이 늑대에게 잡혔다. 아기양은 너무 무서웠지만 매우 침착하고 영리하게 행동했다. 아기양이 말했다.

"늑대 아저씨, 부탁이 있어요. 저를 잡아먹기 전에 피리를 한 번 불어주실 수 있으세요?"

"뭐? 피리는 불어서 뭐하게?"

"죽기 전에 피리 소리에 맞춰 제가 제일 좋아하는 춤을 추고 싶어요."

"설마 춤추는 척하면서 도망가려는 것은 아니겠지?"

"아니에요, 절대로 도망가지 않을 거예요."

"좋아, 한 곡 연주해주지."

늑대가 피리를 불자 아기양은 가락에 맞춰 귀엽게 춤을 췄다.

그때, 목동이 피리 소리를 듣고 달려왔다.

"앗! 늑대다!"

목동은 늑대를 잡아 아기양을 구했다.

늑대는 뼈저리게 후회했다.

"속았군! 피리 소리는 아기양이 자신을 살려달라고 목동을 부르는 신호였던 거야."

이 이야기를 읽고 당신은 아기양의 영리함에 탄복했을 것이다. 영리함은 인성의 일면이며, 특별한 사람만이 가지는 재주가 아니다. 당신도 지혜를 짜내면 충분히 문제를 해결할 수 있는 방법을 찾을 수 있다.

옛말에 "지혜로운 사람이라도 천 번의 생각 중 한 번쯤은 반드시 실수하고, 어리석은 사람도 천 번을 생각하면 반드시 한 번은 성공한다"라고 했다. 아기양이 자신을 구한 행동은 우리에게 위기의 순간에 두려움을 극복하고 지혜를 짜내면 자신을 구할 방법을 찾을 수 있다는 사실을 말해주고 있다.

시련에 처하면 두려움, 초조함 같은 여러 가지 부정적인 생각이 자꾸 떠오른다. 이러한 생각들은 사람들이 기지를 발휘하지 못하도록 방해하기 때문에 먼저 이런 백해무익한 부정적인 생각부터 극복한 뒤 그 후 문제 해결 방법을 고민해야 한다. 오로지 문제 해결에만 고심하다보면 자연히 자신이 처한 환경은 잊게 되고 부정적인 생각도 사라지면서 묘안이 떠오를 것이다.

마쓰시타 고노스케는 평생 한 번도 실패한 적이 없다. 그는 고심하면 반드시 문제를 해결할 방법을 찾을 수 있다고 굳게 믿었기 때문이다. 한 상인이 장사도 안 되고 해결책도 찾을 수 없어 고노스케에게 도움을 청하러 왔다. 고노스케는 그에게 피가 섞인 오줌을 눈 적이 있냐고 물었다. 그는 없다고 말했다. 고노스케는 피가 섞인 오줌은 사람이 전심전력을 다해 문제를 고심할 때 나타나는 현상이라고 설명해주었다. 피가 섞인 오줌을 눴는데도 문제를 해결할 수 있는 방법을 찾지 못하거든 다시 자신을 찾아오라고 했다. 상인은 그 후 문제를 해결할 수 있는 방법을 찾아내었다.

이 일화는 무슨 문제든지 최선을 다하면 반드시 해결할 방법이 생긴다는 것을 말해준다.

물론 방법을 찾는 것은 시작에 불과하며 아기양처럼 용감하게 실천해야 자신의 운명을 위험에서 구할 수 있다. 아기양은 대담하게 늑대에게 소원을 말해 늑대가 속아넘어가도록 만들었다. 그런 다음 늑대의 연주에 맞춰 귀여운 춤을 추면서 흉악한 늑대가 경계심을 풀도록 연기했다. 그리고 결국엔 목동의 출현으로 목숨을 구했다.

시련에 처했을 때 부정적인 생각을 극복하고 전심전력으로 해결책을 찾아 실천한다면 어려움을 딛고 밝은 미래를 맞이할 수 있다.

042
인생은 자신감으로 아름다워진다

진정한 아름다움은 세상에 대한 자신감, 마음에서 우러나오는 충만한 기쁨에서 비롯된다.

    자넷은 늘 고개를 숙이고 다녔는데, 자신이 그다지 예쁘지 않다고 생각했기 때문이다. 어느 날 그녀는 액세서리 가게에 들러 녹색 나비 리본을 샀는데 머리에 리본을 꽂자 주인은 너무 예쁘다며 그녀를 칭찬했다. 자넷은 그 말을 믿지 않았지만 아주 기뻤고, 자신도 모르게 고개를 들었다. 그녀는 사람들에게 얼른 리본을 보여주고 싶은 마음에 서둘러 가게문을 나서다 누군가와 부딪쳤는데 개의치 않았다. 그러다 교실로 들어서는 순간 담임선생님과 마주쳤다.

    "자넷, 고개를 들고 다니니까 정말 예쁘구나."

    선생님은 다정하게 그녀의 어깨를 어루만져주었다.

    그날, 자넷은 많은 사람들로부터 칭찬을 받았다. 그녀는 분명 그 이유가 나비 리본 때문일 거라고 생각했다. 그런데 우연히 거울 속에 비친 자신의 머리엔 나비 리본이 없었다. 가게를 나오다 누군가와 부딪쳤을 때 떨어졌던 것이다.

누구나 아름다운 것을 좋아한다. 특히 여자 중에 아름답고 싶지 않은 사람이 누가 있겠는가? 그러나 개인의 외모는 부모에게서 물려받은 것이므로 바꿀 수 없다. 미모를 타고났다면 기쁘겠지만 설사 외모가 마음에 들지 않더라도 절대 낙담해선 안 된다. 인간에게는 외모 뒤에 감춰진 아름다움, 즉 자신감이 있기 때문이다.

자신감은 아름다움의 또 다른 표현이다. 자신 있는 여성은 머리에서 발끝까지 우아함이 묻어나오며 이런 아름다움은 단순히 예쁜 얼굴로는 표현할 수 없다. 성실하고 자신감 있는 여성은 기쁨이 넘칠 것이고, 이런 기쁨이 바로 인생을 아름답게 만든다. "여성은 사랑스럽기 때문에 아름답지 아름답기 때문에 사랑스러운 것은 아니다"라는 말도 같은 이치다. 다시 말해 부나 미모에 상관없이 모두 고개를 들고 자신감을 가지면, 영원한 아름다움을 소유하게 될 것이다.

미국의 과학자들이 14세의 못생긴 소녀를 대상으로 하여 그녀 주위의 가족, 선생님, 친구들에게 그녀를 천사처럼 아름답다고 칭찬하게 만들어 그녀가 자신감을 갖도록 한 실험을 한 적이 있다. 2년 후, 기적이 일어났는데 소녀가 정말로 아름다워진 것이다.

당신도 자신의 외모에 자신감을 갖는다면 더 아름다워질 것이다. 이것이 바로 자신감의 힘이다.

자신감도 일종의 아름다움이다. 그런데 많은 이들이 자신의 외모를 비관하며 자신감을 상실한 채 살아간다. 그들은 자신이 못생겼다는 생각에 배고

품과 싸워가며 다이어트를 하고, 거액을 들여 실패의 두려움까지 떠안고 성형수술을 한다. 진정한 아름다움은 세상에 대한 자신감과 마음에서 우러나오는 기쁨에서 비롯된다는 사실을 그들은 모르고 있는 듯하다. 미모는 가을 풀처럼 시간이 지나면 시들지만 정신은 영원하다. 자신감은 인생의 상록수로 우리의 인생을 활기 넘치게 한다. 내면의 자신감이 승화되어 묻어나는 고상함은 영원하며 이것이 사람의 마음을 움직일 수 있는 진정한 아름다움이다.

043
무지의 흠모

사람들은 누구든지 남들이 부러워할 만한 점을 가지고 있고, 살다가 후회를 하기도 하고 행복을 느끼기도 한다. 그러므로 남을 부러워할 필요 없이 자신의 삶을 잘 경영하면 행복한 삶을 살 수 있다.

한 새가 말했다.

"물고기 아저씨, 전 아저씨가 너무 부러워요! 아저씨는 물속에서 자유롭게 헤엄쳐 다닐 수 있잖아요. 그리고 수중의 아름다운 풍경을 감상할 수도 있고, 일곱 빛깔 열대어와 친구가 될 수도 있고, 화려한 산호 속을 누빌 수도 있으니까요. 아저씨가 정말 부러워요. 저도 물고기가 되고 싶어요."

물고기가 말했다.

"새 아가씨, 나는 오히려 당신이 부러운걸요! 당신은 창공을 훨훨 날아다닐 수 있고 멀리 떨어진 계곡도 바라볼 수 있잖아요. 맑고 깨끗한 목소리로 노래하고 노을빛 하늘을 맘껏 날 수도 있고요. 정말 부러워요. 난 하늘을 나는 새가 되고 싶답니다."

그래서 새는 물고기에게 나는 법을, 물고기는 새에게 헤엄치는 법을 가르쳐주기로 했다.

새는 열심히 수영을 배웠다. 그러나 물에 젖은 날개가 너무 무거워 헤엄을 칠 수 없었다. 그러다 딱딱한 산호초에 부딪쳐 한쪽 날개가 부러졌다. 새는 너무 아파 소리를 지르다가 바닷물이 입에 들어가 계속 기침을 했고 눈물까지 흘렸다.

물고기도 열심히 나는 법을 배웠다. 새는 물고기를 나무 꼭대기로 데리고 갔다. 그런데 태양이 너무 뜨거워 물고기의 비늘이 갈라지려 했다. 그것은 참을 수 없는 고통이었다. 건조한 공기가 송곳처럼 아가미를 찌르는 것 같아 제대로 숨도 쉴 수 없었다. 물고기는 나무에서 뛰어내려 새처럼 날려고 했으나 그대로 바닥에 떨어져 하마터면 죽을 뻔했다.

새와 물고기는 둘 다 많이 다쳤다. 서로를 바라보니 웃음이 나왔다.

새가 말했다.

"역시 전 새가 어울려요. 하늘이 바로 제가 살 곳이고요."

물고기도 말했다.

"나 역시 물고기가 어울려요. 바다가 바로 제 천국이죠."

그 후로 새와 물고기는 서로를 부러워하지 않았다.

창공을 나는 새와 맑은 바닷물에서 헤엄치는 물고기가 서로를 부러워하는 마음에 상대방의 삶을 경험해보았다. 모두 눈물 나는 고생을 한 후에야 자신의 세계가 낙원임을 깨닫게 된다.

사람도 새와 물고기처럼 자신이 가진 것을 대수롭지 않게 여기고 자신이 가지지 못한 다른 것을 추구한다. 그러나 결국은 자신이 원래 가지고 있던 것이 가장 소중하며 기존의 자기 자리가 가장 안전하고 평화로운 장소라는 사실을 깨닫는다. 그러나 사람은 언제나 남의 생활을 부러워하고 자신의 생활에 만족하지 않는다. 인간의 이런 본성에 대해 첸중수[錢鐘書천중서] 선생은 『위성圍城』에서 아주 적절한 비유를 했다.

'성안의 사람들은 나가고 싶어 하고 성 밖의 사람들은 들어오고 싶어 한다.'

다른 사람을 부러워하지 말자. '사람은 저마다 장점이 있게 마련이다'란 말처럼 다른 사람도 각각의 장점이 있을 테고, 우리도 우리만의 장점이 있다. 남들의 부, 명예, 지위, 능력을 부러워하다 자신의 장점을 잊어버려서는 안 된다. 자신의 장점을 보지 못하면 자신의 본질도 지킬 수 없다. 그래서 우리는 자신의 장단점을 분명히 파악해야 한다. 새는 하늘에서는 자유로이 날 수 있지만 바다에서는 물의 속성을 모르기 때문에 가라앉고 만다. 물고기도 바다에서는 지느러미로 유유히 헤엄쳐 다닐 수 있지만 하늘에서는 날 수 없고, 아가미로 건조한 공기도 마실 수 없다. 역할을 바꾸고 나면 모두 고통스러운 법이다.

우리는 성인聖人이 아니기 때문에 단점이 있고, 모든 일을 다 해낼 수도 없으며, 모든 생활을 경험할 수도 없다. 우리는 이 점을 직시해야 한다.

남을 부러워해서는 안 된다는 말이 아니다. 더 나은 삶을 꿈꾸고 남의 떡을 크게 보면서 끊임없이 더 높고 나은 것을 추구하는 것은 좋은 일이다. 동경을 통해 목표를 세운 후 노력해간다면, 충분히 더 나은 삶을 살 수 있다. 하지만 사람마다 개성이 있음에도 자신의 특성은 무시한 채 남을 부러워만 하고 따라한다면 얻는 것보다 잃는 것이 더 많을 것이다. 실제로 이런 일은 흔하다. 학생들이 자신의 적성은 고려하지 않은 채 인기 있는 학과라고 무조건 지망했다가 배움에 흥미를 느끼지 못하는 경우나, 너도나도 인기 업종

에 몰려들지만 실력이 없어 실패하는 경우, 이혼하고 다시 재혼하지만 결과
는 상상과 다른 경우 등이 그 예다.

　누구에게나 남들이 부러워할 만한 점이 있고, 삶은 거의 비슷해서 사람들
은 각각 자신의 삶에 대해 후회도 하고 행복을 느끼기도 한다. 자신이 가진
것을 소중히 여기고 성안과 성 밖의 일에 너무 신경 쓰지 말자. 자신의 생활
이 가장 멋지다는 사실을 기억하자. 현재의 생활에 만족하고 현재를 즐기면
그게 바로 행복인 것이다.

044
환상을 꿈꾸지 마라

환상에 빠지면 허송세월을 보내게 될 것이다. 생활이 주는 희망을 소중히 여기면 인생은 더욱 아름다워질 것이다.

한 예언가가 지브린에게 환상이라 불리는 예쁜 소녀 이야기를 했다. 눈만 감으면 그녀가 그의 곁으로 올 수 있다는 것이었다. 그래서 지브린은 늘 눈을 감은 채 환상과 함께 지내려 했다.

그러던 어느 날, 지브린 곁을 지나는 한 소녀가 그에게 왜 눈을 감고 있는지를 물었다. 지브린은 환상을 지키기 위해서라고 말했다.

소녀가 말했다.

"전 환상의 언니인 희망이에요. 당신이 눈을 뜨면 전 당신과 함께할 거예요."

지브린은 아름다운 환상을 잃고 싶지 않다며 거절했다. 희망은 지브린을 설득시키지 못할 것 같아 한숨을 쉬며 떠나버렸다.

그 순간 지브린은 평생 눈을 감고 살 수는 없다는 생각이 들어 눈을 떴다.

그가 막 눈을 떴을 때, 희망의 아름다운 뒷모습이 보였다.

그 후로 지브린은 그때 눈을 떴더라면 얼마나 좋았을까 하고 후회하며 지냈다.

이야기 속의 지브린은 비현실적인 환상을 꿈꾸다가 노력하면 얻을 수 있는 희망을 놓치고 말았다. 우리네 현실 속 많은 사람들도 갖가지 환상에 빠져 있다. 이런 나약한 인성 때문에 많은 사람들이 적극적인 삶을 살지 않고 허구 세계에 빠져 청춘을 허비하고 있다.

인생은 눈 깜짝할 사이에 지나가 버리는데, 당신은 환상에 빠져 있을 것인가, 아니면 눈을 뜨고 희망을 추구할 것인가? 환상은 그저 비현실적인 목표일 뿐 당신은 그 속에서 아무것도 얻을 수 없다. 그러나 희망은 노력하면 내것으로 만들 수 있으며 우리에게 성공을 가져다준다. 비현실적인 환상에 빠져 있지 말고 현실에서 희망이 보일 때 손을 뻗어 잡아라.

사랑은 인류의 영원한 화두다. 당신은 반쪽을 찾을 때 평생 당신이 기다려온 이상형이 나타나기만을 기다릴 것인가 아니면 적당한 사람이 나타나면 그 사람과 행복한 가정을 꾸릴 것인가.

우리는 누구나 어린 시절의 꿈을 좇고 환상의 세계를 동경한다. 마음속으로 백설공주와 백마 탄 왕자를 만나고 싶어 하지 않는 젊은이가 몇이나 되겠는가?

그러나 이상형은 상상으로 빚어낸 허구일 뿐이다.

현실에는 완벽한 사람이란 없으며 누구나 장단점을 가지고 있다. 사랑을 받아들일 때 가장 중요한 것은 당신이 무엇을 중시하는지와 상대방을 있는 그대로 받아들일 수 있는가 하는 것이다. 이상형은 환상이며, 현실의 사랑이 바로 희망이다. 현실의 상대는 완벽하지 않을 수 있다. 또 자신이 꿈꿔오던 이상형의 모습과 많이 다를 수 있지만 두 사람은 하늘이 정해준 인연으로 만난 것이며, 시간이 흘러감에 따라 완벽한 사랑을 만들어갈 수도 있을 것이다.

현실 속 '희망의 아가씨'를 소중히 여겨라. 비록 자신이 꿈꿔온 이상형은 아니더라도 오랜 시간 동안 손을 잡고 함께 늙어간다면 진정한 사랑이 무엇인지 깨닫게 될 것이다.

현실 속 많은 문제들이 모두 이와 같다. 환상에 집착하면 일생을 허비하게 될 것이고, 착실하게 생활이 주는 모든 희망을 잡는다면 당신의 인생은 찬란히 빛날 것이다.

O45
자신의 단점을 인정하라

단점을 숨기는 것은 일에 아무런 도움이 안 된다. 단점을 직시해야 인생에 어두운 그림자가
드리우는 것을 막고 가장 아름다운 인생을 창조할 수 있다.

어느 날 동물의 왕이 동물들에게 말했다.

"오늘 유명한 성형외과 전문의를 모셨다. 자신의 얼굴과 체형이 마음에 들
지 않는 동물은 이 자리에서 말하라. 의사가 수술이나 교정을 해줄 것이다."

왕은 먼저 원숭이에게 물었다.

"원숭이, 네가 먼저 말해보아라. 너와 다른 동물들을 비교해볼 때 누가 제
일 아름다우냐? 지금의 네 모습에 만족하느냐?"

원숭이가 대답했다.

"저는 몸매도 날씬하고 얼굴도 완벽해서 흠잡을 데가 없습니다. 지금 제
모습에 아주 만족합니다. 제 생각엔 곰 형제가 좀 둔해 보입니다만."

이때 곰이 느릿느릿 앞으로 걸어나왔다. 동물들은 곰이 의사에게 자신의
못생긴 얼굴을 성형해달라고 할 것이라 생각했다. 그런데 곰은 자신의 위풍

당당한 모습을 자랑하고는 오히려 코끼리의 생김새에 대해 이러쿵저러쿵 말을 늘어놓는 것이 아닌가? 꼬리는 너무 짧다는 둥, 귀는 너무 크다는 둥, 게다가 다리는 너무 굵어 아름다운 곳이 전혀 없다고 말이다.

이 말을 들은 코끼리가 침착하게 말했다.

"내 미적 기준으로 볼 때 고래는 나보다 더 뚱뚱해. 그리고 개미는 너무 말랐고 게다가 작기까지 하지."

이때 개미가 말을 가로채며 말했다.

"왜 이러세요. 미생물에 비하면 저는 거대한 코끼리라고요."

모두 남을 비판만 할 뿐 자신의 부족한 점에 대해 말하는 동물은 하나도 없었다. 대왕은 할 수 없이 모든 동물을 돌려보냈다.

우리는 우리 자신은 완벽 그 자체이고 다른 사람에게만 단점이 있다고 여기곤 한다. 뻔히 드러나는 단점이 있어도 인정하지 않고 오히려 다른 사람의 단점을 비웃음으로써 자신의 단점을 숨기려 한다. 이런 태도를 보이면 어떤 결과가 나타날까? 우리는 더 아름다워지고 인생이 더 풍요로워지는 기회를 놓치게 될 것이다.

100% 완벽한 순금도 없고, 100% 완벽한 사람도 없다. 사람마다 단점이 있게 마련이기에 자신의 단점을 숨기는 것은 대단히 어리석은 행위다. 세상 사람들 중, 특히 신체적인 결함이 있는 사람들은 자신의 결함 때문에 피해 의식에 젖어 누군가 자신의 결함에 대해 이야기할 때 매우 민감하게 반응한다. 다른 사람이 자신의 결함에 대해 이야기할 때 그들은 자신의 존엄성이 무시당했다고 생각해 다른 사람을 비웃음으로써 자존심을 지키려 한다. 사실 이런 방법은 아무런 도움도 되지 않는다. 결함은 결함일 뿐이다. 숨기고

기피한다고 해서 그것이 없어지지는 않는다.

자신의 단점을 인정한다는 것은 용기 있고 지혜로운 행동이다. 자신감과 책임감이 없는 사람만이 자신의 단점을 숨기기 위해 갖은 방법을 동원하며, 심지어 다른 사람의 단점을 공격함으로써 심리적인 보상을 얻으려 한다. 그러나 신체적인 한계 때문에 성공하지 못하거나 행복을 잃는 일은 없으며 중요한 것은 자신의 한계를 인정하느냐 못 하느냐다.

실제로 신체적인 한계를 극복하고 기적을 일궈낸 예는 적지 않다. 유명한 물리학자 스티븐 호킹은 스물한 살 때, 불행하게도 불치의 병이라 불리는 루게릭병(근육의 수축이완이 안 되는 병)을 앓게 되었다. 그는 모든 활동 능력을 상실했지만 자신의 가치는 결코 부정하지 않았다. 스티븐 호킹은 "제가 이론 물리학을 선택한 게 얼마나 다행스러운 일인지 모릅니다. 연구는 머리만 쓰면 되니까요"라고 말했다. 루게릭병은 그에게서 펜과 종이를 이용해 일할 권리마저 빼앗아갔다. 하지만 그는 강한 의지를 갖고 도형으로 자신의 생각을 표현함으로써 연구를 이어갔다.

스티븐 호킹이 위대한 이유는 학술상의 공헌 외에도 자신의 한계를 인정하고 적극적이며 낙관적으로 살았다는 사실이다. 이런 일이 다른 사람에게 일어났다면 아마 그 사람들은 일찌감치 살아갈 용기를 잃었을 것이다. 하지만 그의 가슴속에는 어떠한 원망, 고민도 없었으며 오히려 그는 더욱 분발했고, 집념과 낙관적인 태도로 신체적인 한계를 극복해냈다.

'자신을 진흙으로 여기면 정말 남들에게 밟히는 진흙이 된다'는 말이 있다. 우리는 무엇이 행복을 가져다주고 무엇이 불행을 만드는지 모를 때가 많다. 단점이 많든 적든 결코 그것을 숨기지 말자. 그리고 단점 때문에 자신이 피해를 입는 일은 없도록 하자.

046
충동을 자제하라

충동적인 사람은 강한 사람이 아니다. 충동은 의지와 자제력 부족을 의미하며 이성적으로 사
고하는 것을 막는다.

임금에게는 충성스런 애견 한 마리가 있었다. 어느 날 임금이 산책을 하
고 돌아왔는데 애견의 입가에 피가 묻어 있는 게 아닌가. 개는 온몸이 피투
성이가 되어 미친 듯이 짖어댔다. 너무 놀란 임금은 애견을 갓 태어난 아기
의 침실로 데리고 갔다. 그런데 침실에는 피 묻은 요람만 있을 뿐 아기는 어
디에도 없었다. 신경질적으로 짖어대는 애견의 입가에선 아직도 핏방울이
뚝뚝 떨어지고 있었다. 임금은 개가 아기를 죽인 것이라고 확신했고, 너무
도 화가 나 그 자리에서 애견을 칼로 찔러 죽였다. 이때 어디선가 갓난아기
의 울음소리가 들렸다. 울음소리가 나는 곳으로 가보니 아기는 다른 방 구
석에 눕혀져 있었고, 그 옆엔 피투성이가 된 늑대 한 마리가 죽은 채 누워
있었다. 임금은 아기를 보고 나서 모든 걸 깨달았지만 때는 이미 늦었다. 애
견은 아기를 보호하려고 늑대와 필사적으로 싸웠는데, 임금은 그것도 모르

고 일시적인 충동에 못 이겨 애견을 죽여버린 것이다. 임금은 애견을 잘 묻어주라고 명하고 모두에게 애견의 충성을 본받게 했다.

충동은 주변의 어떤 자극 때문에 나타나는 과격한 행위다. 우리는 일이 뜻대로 풀리지 않을 때 이런 과격한 행위를 한다. 하지만 그런 과격한 정서를 그대로 내버려둬서는 안 된다. 감정적 행위인 충동은 엄청난 힘을 지니고 있어 그 힘에 지배당하면 우리는 이성과 냉정을 잃고, 감정이 시키는 대로 혹은 기분 내키는 대로 행동한다. 일시적인 충동 때문에, 우리는 문제를 해결할 좋은 기회를 놓치거나 엄청난 대가를 치를 수도 있다. 충동 때문에 친구, 고객, 일자리, 심지어 가정과 생명까지도 잃을 수 있다.

어느 지역에서 현지 감옥에 수감돼 있는 죄수들을 상대로 조사를 실시했는데 놀라운 결과가 나왔다. 죄수들 가운데 90%가 일시적인 충동 때문에 죄를 저질렀다는 것이다.

그들은 왜 충동적인 행동을 했을까?

공리주의의 범람은 충동적인 행위를 유발하는 가장 큰 원인이다. 공리주의자들은 자신의 쾌락 추구를 행위의 출발점으로 여기며 개인의 이익 추구를 유일한 현실적 이익이라고 생각한다. 그 결과 그들은 경솔하고 근시안적이며 과격하고 민감한 행동을 하는 것이다. 현실 속 많은 문제들도 사람들의 충동적인 행위를 자극하고 부추긴다.

충동적인 사람은 강한 사람이 아니다. 충동은 의지와 자제력의 부족을 의미하며, 이성적이고 지혜로운 사고를 방해하는 훼방꾼이다. 모든 사람에겐 감정적인 정서가 있지만 누구나 마음 내키는 대로 한다면 세상은 그야말로 혼란스러워질 것이다. 우리는 자극과 위기 앞에서 끓어오르는 분노를 최대한 자제하고 냉정을 유지하며 이성적으로 일의 전후 관계를 분석하여 진심으로 자신을 돌아볼 줄 알아야 한다. 다른 사람이 신뢰할 수 있는 행동을 했는지, 자신에 대한 기대치가 너무 높지는 않았는지, 일의 결과를 고려했는지 등을 되돌아봐야만 잘못된 판단을 하지 않고 평생 후회할 행동도 하지 않게 된다.

047
남에게 꼭 필요한 도움을 주어야 한다

사람들은 무조건 도와주기만 하면 상대방에게 도움이 되고 분명 고마워할 것이라 생각한다.
하지만 남에게 꼭 필요한 도움을 주어야만 좋은 결과를 낳는다.

옛날, 혈혈단신인 한 노인이 깊은 산중에 살고 있었다. 그는 가족도 친구도
없어 삶이 너무도 외로웠다. 그러던 중 곰과 친구가 되어 둘은 서로 의지하며
지냈다.

어느 화창한 날 그들은 함께 등산을 갔다. 그러나 사람이 어찌 곰을 능가
하랴, 산을 조금밖에 오르지 않았는데도 노인은 너무도 힘이 들었다. 곰은
노인이 멀리 뒤처져 오는 것을 보고 멈춰 서서 말했다.

"앉아서 좀 쉬든지 아니면 나무에 기대서 낮잠 좀 주무세요. 무슨 일이 생
길까 두려우시면 제가 곁에서 지켜드릴게요."

노인은 감동 어린 눈으로 곰을 바라본 뒤, 큰 나무에 기댄 채 잠깐 눈을
붙였고, 곰은 충직하게 곁에서 노인을 지켰다. 그때, 갑자기 파리 한 마리가
노인의 머리 위를 맴돌다 노인의 콧잔등에 앉았다. 곰은 재빨리 뛰어와 파

리를 쫓았는데 잠시 후 파리는 또 날아와 노인의 얼굴에 앉았다. 곰은 노인의 단잠을 깨우고 싶지 않아 조용히 자신의 큰 손바닥을 들어 숨죽인 채 쭈그리고 앉아 생각했다.

'이 못된 파리, 내 기필코 혼내주고 말 테다.'

파리가 다시 노인의 볼에 내려앉자 곰은 위치를 잘 조준해 있는 힘껏 손바닥을 내리쳤다. 그 힘에 못 이겨 파리는 죽었지만 노인의 두개골 역시 두 쪽으로 갈라져버렸다. 노인은 비명 한 번 질러보지 못하고 죽음을 맞았다.

누구나 남을 도와본 경험이 있을 것이다. 남을 도와주어야 자신도 어려울 때 남의 도움을 받을 수 있다. 그러나 무턱대고 아무 생각 없이 도움을 베풀어서는 안 된다. 곰은 좋은 의도로 노인을 도우려 했으나 노인에게 꼭 필요한 도움인지를 생각하지 않았기 때문에 비극을 낳고 말았다. 이 점을 꼭 명심하라. 상대방의 입장에서 상대에게 정말 필요한 것이 무엇인지 파악한 뒤에 필요한 도움을 주자. 꼭 필요한 도움이 아니면 상대에게는 도움이 되지 않을 뿐만 아니라 나쁜 결과를 가져올 수 있다. 다시 말해 남을 돕는 것에도 기술이 필요하다.

사람들은 무조건 도와주기만 하면 상대방에게 도움이 되고 분명 고마워할 것이라 생각한다. 하지만 사실은 그렇지 않다. 어떤 사람들은 시련이 닥쳐도 체면과 자존심 때문에 도움을 받고 싶어 하지 않는다. 이때 당신이 도움을 준다면 그는 도움을 동정으로 오해할 것이다.

전문적인 도움이 필요한 사람에게 그 분야의 기술과 지식이 전혀 없는 사람의 도움은 오히려 방해만 될 뿐이다. 이런 상황에서 상대는 당신의 도움에 감격하지 않을 것이고, 당신은 쓸데없이 남의 일에 참견한다는 원망만들을 것이다. 순수한 마음으로 도움의 손길을 뻗었는데 원망만 듣게 되었으니 세상에 이것보다 더 억울한 일이 어디 있겠는가.

다른 사람을 돕고 싶다면 꼭 필요한 도움을, 모자라지도 넘치지도 않게 주어야 한다.

사람들은 이 점을 잘 인식하지 못한다.

어느 유치원 선생님이 한 말이다.

"때때로 저희는 아이들의 자립심을 길러주기 위해 풀뽑기나 청소 같은, 아이들이 할 수 있는 일을 시킵니다. 그런데 자주 웃지 못할 일들이 생기곤 하지요. 흰머리가 성성한 할아버지, 할머니들이 빗자루와 호미를 들고 아이들을 따라오곤 하는데, 이럴 때는 선생으로서 어떡해야 할지 정말 난감합니다."

우리는 도우려는 대상에게 자신의 도움이 필요한가 아닌가를 먼저 파악해야만 좋은 결과를 낳을 수 있다. 그렇지 않으면 오히려 해가 될 것이다.

'넘치지 않게 주어야 한다'는 말은 정도와 관계된 문제다. 다시 말해 이유 없이 지나친 친절을 베풀어서는 안 된다는 말이다. 보통 사람은 누군가 자신에게 지나친 친절을 베풀면 분명 목적이 있을 것이라 여긴다. 그때 당신의 도움은 딴 목적이 있는 소인의 행위가 되어버린다.

O48
자신의 뜻을 남에게 강요하지 마라

강요에 의해 일을 하고 억지로 남의 의견을 받아들일 사람은 없다. 우리는 모두 자신이 원하는 일을 하고 싶어 하고, 다른 사람이 자신의 요구를 말하기 전에 먼저 내 의견을 물어봐주길 바란다.

친구들에게 아낌없이 베푸는 농장주가 있었다. 그는 자주 친구들을 자신의 집으로 초대했고, 항상 친구들을 위해 직접 맛있는 요리를 만들었다. 친구들이 맛있게 먹는 모습을 보면 그 자신도 기분이 좋았다.

어느 주말 저녁, 그는 새로 사귄 친구를 위해 한 솥 가득 수프를 끓였다.

"친구, 이 요리는 특별히 자네를 위해 준비했다네."

"고맙네만 나는 이미 배가 부른걸. 더 먹으면 배가 터져버릴 거야."

"겨우 한 그릇인데? 평소 자네 양으로 본다면 더 먹을 수 있을 거야. 수프 맛도 끝내주지 않나. 안 그래?"

"그래, 수프 맛은 일품이야. 나도 더 먹고 싶지만 배가 너무 불러서 도저히 먹을 수가 없다네."

친구가 더 먹지 않는 것을 보고 주인은 아내를 불렀다.

"여보, 당신이 좀 권해봐. 당신이 권하면 저 친구, 더 먹을지도 몰라."

주인은 친구를 정성껏 대접했고 쉴 틈도 주지 않고 계속 수프를 먹으라고 권했다. 어쩔 수 없이 친구는 억지로 한 그릇을 더 먹었다. 주인은 기뻐하며 친구에게 버터에 볶은 고구마를 좀 먹겠냐고 물었다. 친구는 그 말에 기겁한 채 자기 집으로 도망쳐버렸고, 다시는 그의 집에 오지 않았다.

물고기에게는 물이 필요하고 사람에게는 공기가 필요하듯, 사람에게는 저마다 독창적이면서도 깊이 있는 내면세계가 있다. 그런데 우리는 자신의 관점에서 주변의 모든 것을 판단하려하고 자신의 뜻을 남에게 강요하려고 한다. 그것은 남들의 반감만 불러일으킬 뿐이며 아무리 좋은 의도였더라도 농장주의 수프처럼 결코 사람들이 원하지 않는다.

강요에 의해 일을 하고 억지로 남의 의견을 받아들일 사람은 없다. 우리는 모두 자신이 원하는 일을 하고 싶어 하고, 다른 사람이 자신의 요구를 말하기 전에 먼저 내 의견을 물어봐주길 바란다.

그런데 많은 부모들이 자녀가 학과를 선택할 때 지나치게 간섭한 나머지 자녀의 적성과 생각은 무시한 채 자신들이 좋다고 여기는 학과를 자녀에게 강요한다. 심지어 어떤 부모들은 자녀들을 자신의 분신으로 여겨 자신이 이루지 못한 꿈을 자녀에게 강요하고 대신 이루어주길 바란다. 자녀들은 이에 대해 반항하거나 가출, 자살 등 극단적인 방법으로 맞서기도 하는데 가정의 비극은 대부분 이렇게 해서 발생한다.

많은 연인들이 사랑한다는 이유로 상대의 자유를 구속하려 하고 자신의 생각대로 행동하길 강요한다. 그 결과 둘의 감정이 멀어져 결국 헤어지는 비극이 발생한다.

사실 비정상적으로 보이는 일들이 우리 주변에서 심심찮게 일어나고 있다. 모두 자신의 관점만 고집하려고 하지 남들도 자신처럼 그들의 입장과 생각이 있다는 걸 잊기 때문이다. 그래서 많은 사람들이 자기 생각에만 갇혀 무의식중에 이런 잘못을 저지르는 것이다. 심지어 자신은 좋은 의도로 한 행동이기 때문에 남들이 당연히 감사해야 한다고까지 생각한다.

이천 년 전 공자孔子의 제자였던 자공子貢이 스승에게 물었다.

"평생 잊지 않고 실천해야 할 진리가 있습니까?"

이에 대해 공자가 말했다.

"용서하라! 자신이 싫은 것을 남에게 강요하지 마라."

최대한 남을 배려하고 상대의 기분을 헤아릴 줄 알아야 한다. 역지사지, 즉 그들의 감정, 심리, 기쁨으로 그들의 행위를 분석해야 한다. 자신의 생각을 다른 사람에게 강요해서는 안 된다. 자신의 바람이 좋은 것일지라도 그것만으론 부족하다. 아무리 좋은 바람이라도 모든 사람에게 다 좋은 바람이 될 수는 없기 때문이다. 타인의 감정을 고려하지 않고 자신의 바람을 남에게 강요한다면, 그것은 오히려 유해 물질이 될 것이다. 인성의 이러한 단점을 개선할 수 있는 효과적인 방법은 타인에게 그 자신이 될 수 있도록 자유를 주는 것이다. 당신의 아내가, 당신의 남편이, 당신의 자녀가 그들 자신이 되도록 하라. 그러면 다른 사람의 마음에 다가갈 수 있고, 남을 진정으로 이해하게 되며, 그들과의 관계도 더욱 돈독해질 것이다.

049
노력 없이 얻을 수 있는 것은 성공이 아니라 실패다

성공에는 첩경이 없다. 노력이나 노동의 대가를 치르지 않고 잔꾀로 성공하려는 자는 성공과
인연이 없을 것이다.

성격이 거칠고 급한 수도승이 있었다. 그는 자신의 이런 성격을 고치고
싶었지만 타고난 성격을 바꾸는 일은 너무나 힘들었고 별 진전도 없었다.
그래서 그는 성격을 고치려는 자신의 의지와 결심을 보여주기 위해 절을 짓
고, 사찰 현판에 '백인사百忍寺'라는 글자를 새겼다.

그 후 수도승은 주위 사람들에게 자신의 거칠고 급한 성격을 이제 다 고
쳤다고 말했고 사람들은 모두 그의 말을 믿었다.

어느 날 그 절을 지나치던 한 나그네가 수도승에게 사찰 현판에 새겨진
글자가 무엇이냐고 물었다. 수도승은 '백인사'라고 말했다. 나그네가 다시
묻자 수도승은 약간 짜증 섞인 어투로 '백인사'라고 대답했다. 나그네가 다
시 한 번 말해달라고 하자 수도승은 결국 참지 못하고 성을 내며 말했다.

"백인사라고요! 귀는 뭣 하러 달고 있습니까?"

나그네가 웃으며 말했다.

"겨우 세 번 말하는 것도 참지 못하는데 백인사가 다 무슨 소용입니까?"

당신은 분명 수도승을 비웃을 것이다. 하지만 자신은 어떠한지를 한번 생각해보자. 우리는 모두 자신의 목표를 실현하고, 또 자신이 남들에게 특별한 사람으로 비춰지길 바란다.

수도승의 노력과 결심을 보고 우리는 그가 분명히 자신의 단점을 고칠 수 있을 것이라 생각했다. 하지만 수도승은 자신의 목표를 이루지 못했다. 그 이유는 바로 수도승이 아무 노력 없이 성공을 손에 넣으려고 했기 때문이다.

노력이나 노동의 대가를 치르지 않고 잔꾀로 성공하려는 것은 보편적인 사회 심리다. 성공의 비결은 이런 심리를 극복하는 데 있다. 비즈니스에서 교묘한 방법으로 사리사욕을 취해 단기적인 이익은 볼 수 있을지 몰라도 장기적으로 보면 이는 백해무익하다.

타고난 재능으로 전도유망한 사람이 있었는데 그는 재능만 믿고 아무 노력도 하지 않았고, 결국엔 어떤 업적이나 성과도 얻지 못했다.

공부할 때 이해 정도로만 그치고 완전히 자신의 것으로 만들지 않는 사람은 문제에 부딪쳤을 때 다시 책을 펼쳐봐야 한다. 생활 속 많은 실례들이 이를 증명하고 있다. 큰일이든 작은 일이든 아무 노력 없이 성공하려 한다면 시간과 노력을 줄일 수 있을 듯 보이지만 실제로는 더 많은 시간, 노력, 금전을 낭비하게 된다.

노력이나 노동의 대가를 치르지 않고 잔꾀로 성공하려는 습관이 한 번 몸에 배면 인격에 해를 끼칠 뿐 아니라 좋은 결과도 얻지 못한다. 한결같음을 모르는 사람의 마음 역시 그러하다. 의지가 강하지 못하므로 그들은 영원히 자신의 목표를 이루지 못할 것이다.

고대 로마인들은 마음속에 두 개의 성전을 짓고 살았다. 하나는 근면이요, 다른 하나는 명예였다. 그들은 모든 일을 할 때 반드시 이 순서대로 행했다. 다시 말해 근면은 명예로 가기 위해 반드시 거쳐야 하는 과정이다. 근면을 돌아 명예로 나아가려는 자는 명예의 문밖으로 밀려날 것이다.

우리도 가슴속에 두 개의 성전을 짓자. 근면하고 성실하게 일해야 고상해질 수 있고 진정한 행복과 기쁨을 얻을 수 있다.

050
조급함의 비극

일할 때는 침착해야 한다. 급할수록 돌아가라. 서둘다가 실수해서는 안 된다. 그렇지 않으면 영원히 극복할 수 없는 한계에 부딪칠 것이다.

아프리카 토인들은 비비(긴꼬리원숭잇과 개코원숭이속의 포유동물을 통틀어 이르는 말)를 잡는 절묘한 기술이 있다. 비비가 좋아하는 먹이를 입구는 좁고 안은 넓은 동굴 속에 놓아두고 동굴 밖으로 나와 어딘가로 가는 척한다. 먼 곳에 숨어 이를 지켜보던 비비는 사람이 가버린 것을 확인하고는 재빨리 동굴 쪽으로 다가와 앞발로 동굴 속 먹이를 꺼내려 한다. 그러나 입구가 너무 좁기 때문에 앞발을 빼낼 수가 없다. 그러나 맛있는 먹이를 놓치고 싶지 않은 비비는 애가 타서 더 세게 먹이를 움켜쥐고, 그럴수록 발은 더 깊이 동굴 안으로 들어가 빼기가 힘들어진다. 이때 토인들이 느긋하게 걸어와 비비를 잡아간다.

'조급함'이 얼마나 많은 비비들을 함정에 빠뜨렸는지는 알 수 없다. 그러나 비비들이 침착하게 앞발만 조금 빼냈더라면 유유히 빠져나올 수 있었을 것이다.

화재가 발생해 20여 명이 사망한 어떤 지역의 일이다. 알고 보니 사망자들 가운데 절반 이상이 서로 먼저 빠져나가려고 사투를 벌이다가 죽은 것이었다. 또 몇 명은 성격이 너무 급해 창문으로 뛰어내리다 죽었고, 정작 불에 타 죽은 사람은 한 명밖에 되지 않았다. 노인 몇 명은 인파를 뚫고 나갈 힘이 없어 구조원을 기다렸는데 오히려 아무런 상처도 입지 않았다.

일도 마찬가지여서 서두를수록 성공과는 멀어지고 생활은 더 엉망이 될 것이다. 서두를수록 판단은 흐려지고, 점점 조급함과 두려움이 사고를 지배해 침착하게 대응할 수 있는 어떤 방법도 생각해내지 못한다. 불 속에 갇혀 있던 사람들이 이 점만 명심했더라면, 구조원들에게 구조되어 그런 끔찍한 비극은 피할 수 있었을 것이다.

의사와 심리학자들은 사람은 누구나 조급한 면을 가지고 있다고 말한다. 그런데도 완벽한 삶은 사는 사람들이 있는 이유는, 그들은 조급함을 잘 조절해 침착함을 유지하기 때문이다. 조급함을 극복하는 관건은 자신을 정확하게 인식하고 이성적인 사고와 평상심을 갖는 것이다.

무슨 일이든 조급하게 생각해서는 안 되고 완급을 조절할 줄 알아야 한다. 특히 '침착함'을 배워야 한다.

급할수록 돌아가라. 서둘다가 실수해서는 안 된다. 그렇지 않으면 영원히 극복할 수 없는 한계에 부딪칠 것이다.

051
남을 흉내 내지 마라

모든 사람은 유일무이의 존재로 제각각 훌륭한 점이 있다. 자신의 색깔을 지킬 수 있다면 찬
란한 인생을 살게 될 것이다.

독수리가 높은 암석 위에서 급강하해 어린 양을 낚아챘다. 독수리의 멋진
사냥 실력을 본 갈까마귀는 너무 부러워 그를 흉내 내고 싶었다.

한다면 하는 성격의 갈까마귀는 포동포동 살찐 양을 탐욕스러운 눈으로
주시했다. 그리고 독수리처럼 급강하해 정확하게 목표물을 낚아채려 했다.
그런데 갈까마귀의 발톱이 양털에 감겨 아무리 용을 써도 빠지지 않는 것이
었다. 발버둥 치는 갈까마귀를 보고 달려온 목동은 갈까마귀의 발톱을 자른
후 아이들에게 갖고 놀라고 던져주었다. 갈까마귀를 모르는 아이들은 그것
이 무슨 새의 발톱인지 궁금해하며 목동에게 물었다. 목동이 대답했다.

"내가 보기엔 갈까마귀가 분명한데, 이 새는 마치 자신이 독수리인 줄 착
각하고 있더구나."

한 철학자가 이런 말을 남겼다.

'흠모는 무지다, 모방은 자살이다.'

사람은 누구나 남과는 다른 자신만의 특색이 있다. 타인을 부러워하고 흉내 내다 자신의 색깔을 잃는다면 절망의 늪에 빠질 것이다.

시인 더글러스 말록은 자신의 시에서 이렇게 말했다.

소나무가 될 수 없다면

골짜기의 관목이 되어라

그러나 시냇가에 선

제일 좋은 관목이 되어라

나무가 될 수 없다면 나뭇가지가 되어라

나뭇가지가 될 수 없다면

다른 사람을 위해 무엇인가를 해주는

한 줌의 잔디가 되어라

노루가 될 수 없다면

농어가 되어라

그러나 호수에서 가장 생동적인 농어가 되어라

고속도로가 될 수 없으면

철도가 되어라

태양이 될 수 없으면

별이 되어라

(중략)

얼마나 훌륭한 시인가!

남을 모방하지 말고 자신의 색깔을 지켜라.

그러나 현실 속에서 많은 사람들이 모방이라는 실수를 저지른다. 많은 사람들이, "어떤 사람이 이러이러한 사업으로 돈을 많이 벌었다더라"라는 소문을 들으면 자신의 객관적인 조건은 고려하지 않고 무작정 그 일에 뛰어들어 결국 쓰디쓴 실패를 맛본다. 또 크게 사업 한번 해보겠다는 포부를 가진 사람이 자신의 열정만 믿고 맹목적으로 사업을 확장하지만 새로운 분야와 시장에 대한 이해 부족으로 정반대의 결과를 초래하고 만다. 많은 사람들이 이런 일을 겪고 있다. 자신의 분야에서 잘나가던 사람도 맹목적으로 남을 모방하다가 평생 재기하지 못하기도 한다. 비슷한 예로 스타들을 모방하는 TV프로그램을 들 수 있다. 많은 젊은이들이 스타들의 젊고 아름다운 외모와 사치스럽고 부유한 생활을 동경해 자신도 그들처럼 살 수 있게 되기를 바란다. 그래서 스타들의 패션과 메이크업을 따라하고, 심지어 그들의 말투까지 흉내 내면서 자신도 스타가 될 수 있을 거라 착각한다.

세상에서 가장 아름다운 여인도 인간의 영원히 채워지지 않는 욕망 때문에 이런 말을 한다.

"내 머릿결도 그녀처럼 부드러웠으면, 내 눈도 그녀처럼 아름다웠으면."

세상에 완벽한 사람은 없다. 그러나 완벽하지 않아도 모든 사람에게는 그들만의 개성적인 아름다움이 있다는 사실은 잊지 말아야 한다. 자신의 모습이 불완전하게 느껴지거나 타인의 모습에서 부러움을 느낄 때, 우리는 자신의 개성을 깨닫고 대자연이 준 자신의 모든 것을 활용하여 인생을 아름답게 살아가야 한다.

다시 말해 당신은 당신만의 노래만 부를 수 있고, 당신만의 그림만 그릴 수 있으며, 당신만의 경험, 환경, 가정을 통해 완전한 당신이 될 수 있다. 좋든 싫든 간에 당신은 스스로 자신의 작은 화원을 가꾸어야 하고 생명의 교향악에서 자신만의 악기를 연주해야 한다.

랠프 왈도 에머슨은 『논자신論自信』이라는 저서에 이런 말을 남겼다. '사람들은 배우면서 어느 시기가 되면 흠모는 무지, 모방은 자살이라는 사실을 깨닫게 된다. 좋든 싫든 자신의 본질을 지켜야 한다. 드넓은 우주에는 좋은 것이 아주 많지만, 우리는 우리에게 주어진 땅에서만 경작해야 한다. 그렇지 않으면 좋은 결과를 얻지 못할 것이다. 자신의 모든 능력은 자연계의 새로운 능력이며 자신 말고는 아무도 자신이 무엇을 할 수 있고, 무엇을 아는지 모른다. 그리고 이 또한 자신의 경험으로 구해야 한다.'

052
감사하는 마음을 가져라

받고도 고마운 줄 모르면 삶의 행복을 잃게 될 것이다.

한 나무꾼이 나무를 하다가 실수로 도낏자루를 부러뜨리고 말았다. 그는 새로 나뭇가지를 꺾어 도낏자루를 만들 수 있게 해달라고 숲에게 낮은 소리로 부탁했다.

'그래, 그는 도끼가 있어야만 생계를 꾸려가겠지. 내가 도와주면 전나무와 상수리나무는 잘린 뒤에도 계속해서 잘 자랄 거야. 사람들은 오래된 나무를 보고 감탄하니까 그도 이 숲을 잘 보호할 테고.'

마음씨 착한 숲은 이렇게 생각하고 그의 부탁을 들어주었다.

도끼를 손질한 후, 나무꾼은 숲이 아주 울창하다는 사실을 알았고, 고친 도끼로 도움을 준 나무를 마구 베기 시작했다. 숲은 신음하며 자신의 은혜가 고통으로 되돌아온 사실에 괴로워했다.

대다수의 사람들은 사회가 자신을 차별한다고 불만을 품으며 자신의 몫이 더 많아야 한다고 말한다. 자신이 타인과 사회를 위해 얼마나 베풀었는 가는 이야기하지 않고 말이다. 죽음에 이르러서야 사람들은 자신이 은혜를 모르는 배은망덕한 소인배였다는 사실을 깨닫고 크게 후회한다.

인생의 가장 큰 비극은 "남들이 내게는 아무것도 주지 않았다"라고 뻔뻔하게 말하는 것이다. 받고도 고마운 줄 모르는 마음이 행복의 가장 큰 적임을 알아야 한다.

고마움을 모르는 사람은 평생 만족할 줄 모르는 사람이며, 현재 가진 것을 소중히 여길 줄 모르는 사람이다. 그들은 원망만 하고 남을 질투하며 은혜를 원수로 갚는다. 남이 성공하는 것을 보면 단지 운이 좋았기 때문이라고 여긴다. 그렇게 항상 원망 속에서 살기 때문에 스스로를 더욱 고통스럽게 만든다. 그러나 감사할 줄 아는 사람은 아무리 큰 시련이 닥쳐도 거뜬히 이겨낸다. 자신이 남에게 요구할 권리가 없음을 잘 알기에 남들의 도움을 소중히 여기고 진심으로 감사할 줄 알기 때문이다.

"남에게 받은 도움이 작더라고 크게 갚아야 한다"는 속담이 있다. 남들의 도움과 배려를 받았다면 가슴 깊이 새기고 감사할 줄 알아야 한다. 세상에 당신을 도와야 할 의무를 가진 사람은 없기 때문이다. 타인의 작은 관심과 정성에 감사할 뿐만 아니라 자신도 남에게 이런 배려를 해야 한다. 설령 우리의 적일지라도 감사하는 마음을 잊어서는 안 된다. 우리에게 성공을 가져다주고, 지혜와 용기를 주는 것이 우리의 적일 수도 있기 때문이다.

이유는 알 수 없지만 살다보면 주는 쪽과 받는 쪽이 생기기 때문에 만물 간에 관계가 형성되는 것이다. 우리는 그들을 좀더 존중해주고, 미소 지어주고 가끔 안부를 물어주기만 하면 된다. 항상 남과 자신을 위해 더 많이 감사하고 베풀고 미소 짓자.

변화 심리학의 권위자인 앤서니 라빈스는 말했다.

"성공을 향한 첫걸음은 남들이 자신을 위해 해준 모든 것에 경의와 감사하는 마음을 갖는 것이다. 만일 우리 모두가 감사하는 마음을 잊지 않는다면, 우리 사회는 더 조화롭고 친밀해질 것이다. 또한 우리 역시 건강하고 유쾌해질 것이다."

053
너 자신을 알라

인간의 가장 큰 비극은 자신을 알지 못한다는 것이다.

한 농부가 맨발로 도시에 왔다가 쓸 만큼의 돈을 벌었다. 이제 그는 신발과 양말을 사고 거나하게 술도 마실 수 있었다. 그런데 술에 취해 집으로 돌아오다 그만 길에 넘어졌는데, 술기운을 이기지 못하고 그대로 잠들어버렸다. 이때 마차 한 대가 다가왔다. 마부는 그에게 비키라고 소리쳤고 안 비키면 그냥 밟고 지나가겠다고 경고했다. 정신을 차린 농부는 자신의 발을 보았다. 그런데 양말과 신발이 신겨져 있는 게 아닌가. 그러자 술김에 자기 발이 아님을 굳게 믿은 농부는 마부에게 말했다.

"내 발도 아닌데 그냥 밟고 지나가시오."

사람마다 이야기를 다르게 이해할 수도 있지만 한 가지 명확한 교훈은 '자신을 잘 알아야 한다'는 점이다. 깨달음과 자기반성을 기초로 한 자의식은 아름다운 인생을 위한 필수 전제다.

그러나 우리는 종종 자신을 잘 이해하지 못한다. 특히 보이지 않는 사고에 의해 지배될 때는 더욱 그렇다.

만약 당신이 길 가는 사람 중에 아무나 붙잡고 "당신은 당신 자신을 알고 있습니까?"라고 물어본다면 대부분 "당연하죠"라고 대답할 것이다. 계속해서 그들에게 "자신이 어떤 사람이라고 생각하십니까?"라고 묻는다면 대부분은 아주 실망스러운 답을 할 것이다. 사실 대부분의 사람들은 이 문제에 대해 생각해본 적이 없으며 단지 스스로가 자신을 알고 있다고 여기는 것뿐이다. 반면, 어떤 사람들은 "아뇨, 전 제 자신을 잘 모르겠어요"라고 말할 것이다. 그들에게 "당신은 왜 자신을 모른다고 생각하죠?"라고 묻는다면 그들 역시 대답하지 못할 것이다. 단지 그들은 자신을 아는 것이 쉽지 않다는 말을 들어본 적이 있어서 그렇게 답한 것이다. 사회적인 인식에 영향을 받아 자신을 관찰해보지도 않고 자신을 모른다고 단정 짓는 것은 자신을 안다고 생각하는 것보다 더 위험한 발상이다. 그들은 주체적으로 사고하지 않는 것이 버릇처럼 굳어져 타인의 생각에 지배받으며, 자아를 잃어버렸기 때문에 자신을 모른다고 단정 짓는다.

자신을 이해하는 일은 어려운 일이다. 그러나 이 말은 자신을 결코 이해할 수 없다는 뜻은 아니다. 우리는 우리가 생각하는 것보다 타인과 자신을 훨씬 더 깊이 이해하고 있기 때문이다. 진짜 어려운 것은 현재의 자신에 대한 이해다.

자신을 정확히 인식하고 싶다면 우선 자신을 100% 이해하지 못한다는 점을 인정해야 한다. 자신의 내면세계를 직시하고 자아를 반성, 점검하고 객관적으로 자신의 능력을 평가해야 진정한 자아를 최대한 인식할 수 있다.

당신은 경쟁자를 통해 자신을 이해할 수도 있다. 어떤 면에서 경쟁자가 친구보다 더 당신에게 솔직할 수 있다. 그들은 당신에게 잘 보이려고 당신의 약점을 눈감아주는 행동 따위는 하지 않기 때문이다.

자신을 인식하는 것이 아무 의미 없는 행위라고 생각하지 마라. 우리는 모두 자신과 남을 기만하는 단점을 가지고 있고, 또 이런 단점과 자신의 실패를 감추기 위해 이유와 핑계를 댈 것이다. 자신과 남을 기만하는 사람들은 자신이 실제로 보여지는 것보다 뛰어나다고 여기며, 성공하지 못한 것은 운이 따르지 않아서라고 생각한다.

항상 자책하는 사람들은 자신을 '아무것도 잘하는 게 없는' 사람으로 평가한다. 이런 두 상황은 우리에게 아무런 도움도 안 되며 슬픔과 원망만 줄 뿐이다.

소크라테스는 일찍이 제자들에게 "너 자신을 알라"는 말을 남겼다. 자신을 잘 알아야 자신의 단점을 발견하고 개선할 수 있다. 근거 없이 자신을 과대평가하거나 폄하하는 것은 삶의 고뇌만 늘게 할 뿐, 자신이 이룬 성과를 제대로 평가하지 못하도록 만든다.

054
선입견을 버려라

더 행복한 인생을 살아가려면 선입견을 버려야 한다. 자연 상태로 돌아가 생명을 느끼고 깨
달아야 한다.

옛날 정鄭나라 사람 하나가 자신의 신발 양 볼과 밑창이 다 해진 것을 발
견하고는 장이 열리면 신발 한 켤레를 사야겠다고 생각했다.

그는 장에 가기 전에 끈으로 자기 발 치수를 재고는 끈을 의자 위에 올려
놓고 길을 나섰다. 뛰고 걷기를 반복해 20리나 떨어진 장에 도착했다. 장은
사람들로 붐볐고 다양한 물건들이 진열대 위에 놓여 있었다. 그는 곧장 신
발가게에 들러 신발을 구경했다. 그는 주인이 보여준 신발들을 이것저것 비
교한 뒤 가장 마음에 드는 한 켤레를 골랐다. 그러고는 새 신발의 크기를 비
교해보려고 발치수를 표시해둔 끈을 찾았으나 끈은 보이지 않았다. 그제야
그는 의자 위에 놓고 왔다는 것을 알았다. 그는 집으로 돌아가 끈을 가지고
서둘러 다시 장으로 왔으나 노점상들은 벌써 돌아갔고 상점들도 대부분 문
을 닫은 상태였다. 신발가게 역시 굳게 닫혀 있었다. 신발도 못 산 데다 신

발에 뚫린 구멍은 더욱 커져 오히려 속만 상했다.

그의 이야기를 들은 사람들이 그에게 물었다.

"신발을 살 때 직접 한번 신어보지 그랬어요?"

"그건 안 되죠. 실제로 재어본 치수가 정확하지 제 발은 정확하지 않습니다. 저는 치수를 믿지, 제 발은 믿지 않거든요."

행인들은 그의 대답을 듣고 웃음을 터뜨렸다.

사람들이 객관적인 사물을 정확하게 인식하지 못하는 이유는 선입견 때문이다. 신발을 사는 일은 아주 간단한 일이다. 그러므로 이 이야기를 들은 사람이라면 누구나 정나라 사람의 어리석은 행동에 웃음을 터뜨릴 것이다. 그러나 실제로 이런 선입견이 우리의 행동을 지배하는 경우는 많다.

기자가 취재를 나가기 전에 그 문제에 대한 결론을 미리 내렸다면, 그 결론에 상응하는 기사를 찾아 자신의 견해를 입증하려 할 것이다. 기자의 행동은 '선입견'이라는 함정에 빠진 것이라 볼 수 있다. 자신이 내린 결론 때문에 기자의 주의력은 결론과 일치하는 사실에만 집중되고 결론과 모순되는 사실은 간과해버린다. 예를 들어 대규모 경제개발단지 조성이 현지의 경제 발전에 가장 효과적인 방법이라는 결론을 내렸다면 취재는 결론을 증명할 방향으로 집중된다. 기자는 수백만 달러에 달하는 외자 유치와 생산액 및 세수입, 고층 건물이 즐비한 현대화된 도시의 사진 등 일부 도시의 성공 사례를 쉽게 찾을 수 있을 것이다. 그러나 그것은 개발단지 건설의 일면에 불과하다. 개발로 인해 사라진 비옥한 전답, 발전 없는 개발, 황폐해진 토지, 살 터전을 잃은 농민들, 훼손된 환경 등, 이런 사실을 간과하거나 직시하려 하지 않는다는 점은 정말 유감스럽다. 기자는 선입견 때문에 이런 사실을 간과하는 것이다.

많은 사람들이 평생 잘못된 생각을 가지고 살아간다. 잘못된 사상, 환상, 집착이 뇌리에 뿌리 깊게 박혀 고정관념이 형성되는 것이다. 그들은 자신의 경험과 세상에 대한 이해를 통해 개인의 생각을 정립하려 하지 않았다. 그들의 생각은 다른 사람의 생각이다. 그 결과 그들은 어떤 문제에 대해 자신의 주관적인 견해나 생각을 발언할 수 없게 된 것이다.

자신의 선입견을 고집하는 것은 보수적이고 시대에 뒤떨어진 행동으로 사회의 진보와 인류의 발전을 방해한다. 물론 일부 선입견은 조상과 현세대의 경험에서 우러나온 것으로 사물을 좀더 빠르게 인식하는 데 도움을 준다. 그러나 우리는 선입견을 고집해서는 안 되며 더 유연하게 사고할 줄 알아야 한다. 사물의 한 단면이 기존의 사고와 모순될 때는 과감히 기존의 가치관을 부정하고 상황에 맞게 해석할 줄 알아야 한다. 선입견을 버리고 사물의 본질로 돌아가 사고하고, 자연 상태로 돌아가 생명에 대해 느끼고 깨달아야 한다. 창조 정신을 가진 사람은 항상 선례를 타파한다. 낡은 규칙과 시대에 부합하지 않는 질서를 결코 그냥 보고 넘기지 않는다.

율리시스 그랜트 장군은 전투 시 군사학 교과서에 나오는 작전 선례를 따르지 않아 다른 장교의 비난과 반대에 부딪쳤다. 그러나 미국의 남북전쟁을 종식시킨 사람은 다름 아닌 율리시스 그랜트 장군이었다.

우리는 모든 속박과 선입견을 버리고 전통을 타파하고 자아를 초월하여 새로운 도전을 받아들여야 한다.

055
이치에 어긋나더라도 남을 용서할 수 있다

'사람이 이치를 모른다는 것은 단점이고, 이치만을 고집하는 것은 맹점이다.' 자신의 행동이 옳을 경우, 타인을 용서하는 태도가 기고만장한 태도보다 타인을 설득하고 변화시키는 데 효과적이다.

한 고승이 지인의 잔치에 초대되어 갔다. 그런데 정성스레 차려진 많은 야채 요리 가운데 한 요리에 돼지고기가 섞여 있는 것이 발견되었다. 고승과 함께 간 제자는 일부러 고기를 골라내어 주인에게 보여주려 했다. 그런데 고승이 얼른 자신의 젓가락으로 고기를 숨기는 게 아닌가? 제자가 다시 돼지고기를 골라내자 고승이 또 고기를 숨기며 제자의 귀에 나직이 속삭였다.

"네가 또 고기를 골라내면 그때는 내가 그 고기를 먹어버리겠다."

그 말을 들은 제자는 더이상 고기를 골라내지 않았다.

잔치가 끝나자 고승은 주인에게 작별 인사를 했다.

돌아오는 길에 제자가 궁금해하며 물었다.

"스승님, 그 집 요리사는 우리가 고기를 먹지 않는다는 사실을 잘 알고 있을 텐데 왜 야채 요리에 돼지고기를 넣었을까요? 저는 단지 이 사실을 주인에게 알려 벌주려 했을 뿐입니다."

고승이 말했다.

"사람은 누구나 고의든 아니든 실수를 할 수 있는 법이다. 만약 주인이 알았다면 그는 분명히 화를 내며 여러 사람들 앞에서 요리사를 망신주거나 해고했을지도 모르지. 고기를 먹는 한이 있더라도 그런 일은 내가 바라는 일이 아니니라."

이치에 맞게 처신해야 하지만, 타인이 이치에 맞지 않는 행동을 했다고 해서 그를 미워하거나 용서하지 않으면 안 된다. 잘못한 사람을 용서하면 뜻밖의 기쁨과 감동을 얻는다.

사람들의 가치관과 생활환경은 모두 다르다. 그러므로 서로 간에 의견 차가 생기는 것은 당연하다. 사람들은 체면과 이익 때문에 싸움에 휘말리면 자신도 모르게 조급해한다. 그리고 상대의 의견이 이치에 맞지 않으면 그가 항복할 때까지 용서하지 않는다. 이치에 맞지 않는다는 이유로 남을 용서하지 않음으로써 당신은 승리의 나팔을 불 수도 있다. 그러나 그것은 전쟁의 불씨가 되어 후에 큰 화를 부를 수 있다. 상대는 이번에는 패했지만 체면과 이익을 위해서 다시 싸움을 걸어올 것이기 때문이다.

이 점을 명심하자. 잘못한 사람에게 시정할 기회를 주고 몰아세우지 말 것이며 상대의 행동이 이치에 합당하지 않더라도 용서하라. 그렇지 않으면 눈앞의 적을 물리칠 수 없을 뿐만 아니라 많은 친구를 잃을 것이다.

"용서할 수 있는 만큼 용서하라"는 말이 있다. 상대방에게 시정할 기회를 주고 체면을 세워주자. 그리 어려운 일이 아니다. 그렇게 할 수 있다면 자신에게도 이로울 것이다.

상대를 용서하지 않고 궁지로 내몰면 상대의 '재기 의지'를 자극하게 될 것이다. 그는 재기하기 위해 수단과 방법을 가리지 않을 것이며 그로 인해 당신도 해를 입게 될 것이다. 그러나 그에게 물러설 여지를 준다면 그는 당신에게 해를 끼치지 않을 뿐만 아니라 거기에 감사한 나머지 적어도 당신을 적으로 여기지는 않을 것이다. 이것이 인간의 본성이다.

세상은 좁고 급속도로 변해가고 있다. 어느 날 두 사람이 다시 외나무다리에서 만났을 때, 지금과는 반대로 그가 유리한 위치에 있다면 그는 당신을 어떻게 대할까? 남을 용서하는 것이 곧 자신에게도 물러날 여지를 주는 일이다.

'사람이 이치를 모른다는 것은 단점이고, 이치만을 고집하는 것은 맹점이다'라는 명언이 있다. 자신의 행동이 옳을 경우, 타인을 용서하는 태도가 기고만장한 태도보다 타인을 설득하고 변화시키는 데 더 효과적이다. 자신이 옳다는 사실을 인정받았는데 상대를 몰아붙일 필요가 있을까? 타인을 용서하면 기쁨과 해방감을 맛보게 된다.

056
자신의 의견만을 고집하지 마라

타인을 이기는 횟수가 많을수록 자신에게 질 확률은 높아진다. 고집불통인 자세로 남의 의견을 듣지 않고 자신의 의견만 내세우지 마라. 다른 사람이 충고를 하면 먼저 왜 그런 충고를 하는지 물어보라.

어미 닭이 멋지고 튼튼한 집을 지었다.

새집을 본 백조가 말했다.

"집이 너무 멋져요. 근데, 벽에 창문을 낸다면 더 멋있을 거예요."

불쾌해진 어미 닭은 속으로 생각했다.

'집에 대해선 내가 더 잘 알아. 네 충고 따윈 필요 없다구.'

여름이 되자 집 안은 통풍이 되지 않아 찜통처럼 더웠고, 병아리들은 모두 병에 걸렸다. 어미 닭은 그제야 백조의 충고를 떠올리고는 서둘러 벽에 창문을 내고 통풍이 잘 되도록 했다. 그러자 병아리들이 다시 건강해졌다.

자신의 생각만을 고집하지 마라. 남이 충고를 하면 먼저 왜 그런 충고를 하는지 물어보라. 이해가 잘 안 되면 솔직하게 물어봐야 한다. 다른 사람의 충고에 귀 기울이지 않으면 큰 손해를 보게 될 것이다.

지도자 가운데 자신의 생각만 고집하는 사람이 많다. 가장 전형적인 예로 항우項羽를 들 수 있다. 많은 사람들이 항우의 기개에 탄복했다. 그래서 그는 실패는 했지만 영웅이라는 칭호를 얻었다. 그러나 항우에게는 치명적인 단점이 있었는데, 바로 자신의 생각만 고집하며 충언을 귀담아듣지 않는 것이었다. 홍문연鴻門宴에서 범증范增은 후환을 없애기 위해 유방劉邦을 죽여야 한다고 여러 번 이야기했으나 항우는 들은 척도 하지 않았다. 화가 난 범증은 나중에 이렇게 험담했다.

"그렇게 어리석은 자와 어찌 큰일을 도모할 수 있겠는가? 장차 유방이 항왕의 자리를 차지할 것이다. 그러면 우리는 모두 그의 포로가 될 것이다."

당시 진평陳平의 이간책은 절묘하지는 않았지만 유방을 돕는 소기의 목적을 달성할 수 있었다. 항우는 사자를 한漢의 진영으로 보내 유방이 항복하도록 설득했다. 그러자 유방은 사자를 정성껏 예우하는 척하며 온갖 훌륭한 요리를 대접했다. 그러다 사자를 접견할 때 일부러 놀라는 척하며 말했다.

"우리는 제2인자(범증)의 사자가 왔다고 들었는데, 알고 보니 항왕의 사자였군요."

그 말과 동시에 훌륭한 요리를 물리고 저급한 요리를 올렸다. 너무 화가 난 사자는 돌아가자마자 항우에게 이 사실을 보고했다. 항우는 앞뒤 정황은 분석하지도 않고 자신이 이간책에 놀아나고 있다는 사실도 모른 채 그저 범증이 자신을 배신했다고만 생각했다. 그 후로 항우는 범증의 의견은 듣지 않았다.

그러나 유방은 항우와 달랐다. 그는 항우와 같은 영웅적인 기개와 담력은 없었지만 인재를 알아보고 적재적소에 쓸 줄 알았다. 그의 휘하에는 장량張

良, 소하蕭何, 한신韓信 같은 훌륭한 장수와 재상이 있었고, 유방은 항상 그들의 충언을 귀담아듣고 결국 최후의 승리를 거머쥐게 되었다.

지도자들뿐만 아니라 평범한 사람들도 자신의 생각만 고집하는 오류에 빠질 수 있다. 작은 성과를 얻으면 자신의 실력을 과대평가하고 남들의 고귀한 의견을 귀담아듣지 않는다.

뜻을 이루어 득의양양할 때 이 말을 꼭 기억하라. 남을 이기는 횟수가 많을수록 자신에게 질 확률은 더 높아진다. 남들이 자신에게 충고할 때 먼저 그 충고가 이치에 합당한지를 생각해보라. 이해가 안 될 때는 솔직히 물어보고, 자신의 생각만 고집하여 손해를 보는 일이 없도록 하자.

057
잘못된 신뢰

인간의 가장 뛰어난 능력은 믿지 말아야 할 것이 무엇인지를 분명히 판단할 수 있다는 것이다.

늘대는 아기 돼지를 잡아먹고 싶었지만 벽돌로 튼튼하게 지어진 아기 돼지 집에 들어갈 방법이 없었다.

어느 날, 늘대는 아기 돼지에게 말했다.

"창문을 활짝 열면 보기 좋을 것 같은데."

아기 돼지는 늘대의 말을 의심하지 않고 창문을 활짝 열었다.

다음 날, 아기 돼지의 친구들은 아기 돼지가 밥을 먹으러 나오지 않자 병이 난 줄 알고 병문안을 갔다. 그런데 어찌된 영문인지 아기 돼지의 모습이 보이지 않았다. 그때 창문턱에서 늘대의 발자국을 발견하였고, 아기 돼지가 늘대에게 잡아먹혔다는 사실을 짐작할 수 있었다.

남의 충고를 듣지 않는 것도 잘못이지만 남의 말을 곧이곧대로 믿는 것도 잘못이다. 우리 사회에는 의심하지 않아 사기를 당하는 일이 비일비재하다. 인터넷 사기, 불법 다단계, 족집게 선생, 입학 사기 등 우리를 현혹시키는 일은 아주 많다. 충직, 선량, 유치, 우매, 무지, 단순함 그리고 탐욕적이고 아첨을 좋아하고 공을 세우고 싶어 하는 성격 때문에 우리는 교묘한 함정에 빠져 사기를 당한다. 충직하고 선량하며 단순하고 유치한 사람들은 항상 자기 기준으로 남을 판단하며 남들도 자신처럼 봉사를 좋아하고, 절대 남을 해치지 않을 거라 여기며 남을 믿는다. 우매하고 무지하며 단순한 사람들은 다른 사람의 말의 진위와 시비를 판단할 능력이 없어 쉽게 믿는 우를 범한다. 탐욕적이고 아첨을 좋아하고 공을 세우고 싶어 하는 사람들은 다른 사람의 의도적인 아첨, 함정이 숨어 있는 거짓 이익과 허황된 미래에 현혹되어 역시 타인을 쉽게 믿어버린다.

우리는 낯선 사람뿐만 아니라 친한 친구 역시 쉽게 믿어서는 안 된다. 낯선 사람은 위장에 능하거나 일시적으로 알아차릴 수 없는 속임수를 사용하여 우리를 속인다. 그러나 친구는 이와는 반대로 일단 나쁜 속셈을 가지고 마음만 먹으면 우리를 아주 손쉽게 속일 수 있다. 친구 사이란 이해와 신뢰를 바탕으로 이루어진 관계이므로 서로를 속이지 않을 것이라 믿기 때문이다. 그래서 친밀한 관계인 사람에게 사기를 당하면 속수무책일 수밖에 없다. 나쁜 사람들은 이 점을 이용, 자신의 떳떳하지 않은 목적을 이루기 위해 자신의 친구를 끌어들인다.

복잡한 세계에서, 사람들의 서로 다른 의견 가운데 무엇이 옳고 그른지를 어떻게 분간할 수 있을까? 아래 소개한 몇 가지 원칙을 준수하면 이성적인 사고를 할 수 있을 것이다.

- 자신을 포함한 누구도 경솔하게 믿지 않는다.
- 다수의 의견을 무조건 따르지는 않는다. 진리는 때로 소수의 의견에서 나올 수 있기 때문이다.
- 정상 루트를 통하지 않은 소식은 가급적 믿지 않는다.
- 지나치게 독단적이고 자부심이 강한 사람, 개인의 이익만을 따질 것 같은 사람, 군중 속에 있는 비전문가, 그리고 거짓말을 잘하는 사람을 믿어서는 안 된다.

모든 문제를 이 원칙으로 해결할 수 있는 것은 아니지만 맹목적인 믿음을 거두면 위험에서 조금은 멀어질 수 있다. 또한 여러 사람들의 의견과 관점을 충분히 이해한 후 결정하고 판단해야 올바른 결정을 할 수 있다.

그리스 작가 에우리피데스는 말했다.

"남과 교류할 때 자신의 안전을 위해 마음속에 방어선을 만들어놓아야 한다. 그것은 바로 경솔하게 믿지 않는 것이다."

이런 방어선이 있으면 사기꾼에게 사기를 당하거나 악인으로부터 피해 입는 것을 최소화할 수 있고, 삶은 탄탄대로를 달릴 것이다.

058
원망하지 말고 삶의 태도를 바꿔라

실패한 인생은 없다. 삶의 긍정적인 면을 보고자 노력하면 곧 재기의 순간이 올 것이다.

늘은 당나귀가 깊은 구덩이 속에 빠져 밖으로 나오지 못하고 있었다. 주인은 당나귀가 너무 늘었다는 생각에 구해주지도 않고 그냥 가버렸다.

당나귀도 처음에는 빠져나가려고 안간힘을 썼지만 주인이 자신을 버리고 가버린 사실을 알고 난 후에는 살아야겠다는 희망마저 포기해버렸다.

얼마 후, 어떤 사람이 구덩이 속으로 쓰레기를 버리자 당나귀는 너무 화가 나 운이 나쁜 자신을 원망하기 시작했다. 구덩이에 빠지고 주인에게 버림받은 것도 모자라 매일 쓰레기 더미 속에 갇혀 악취를 맡아야 하니 죽으려 해도 편히 죽을 수 없는 처지가 된 것이다.

아무리 원망을 해도 상황은 변하지 않았다. 사람들이 계속해서 구덩이 속으로 쓰레기를 버렸기 때문이다. 그러던 어느 날, 당나귀는 자신의 삶의 태도를 바꿔야겠다고 결심하고 더이상 원망 섞인 말을 하지 않았다. 쓰레기 속에서 먹을 것을 찾아 목숨을 이어가던 당나귀는 결국 발밑에 쌓여가는 쓰레기를 발판 삼아 다시 땅 위로 올라왔다.

당신이 어떤 태도를 갖느냐에 따라 선택이 달라지고, 또 당신의 선택에 따라 인생이 달라진다. 늙은 당나귀가 계속해서 신세한탄만 하고 있었다면 죽음밖에 맞이할 게 없었겠지만 인생의 태도를 바꾸자 땅 위로 올라올 수 있었다. 그러므로 삶이 자신에게 아무리 큰 시련을 줄지라도 결코 원망하지 마라. 인생의 태도를 바꾸면 당신도 당나귀처럼 모든 시련을 견디고 자신을 발전시킬 수 있다.

세상이 모든 사람들에게 공평한 것은 아니라는 생각에 많은 사람들은 불만을 품고 자신의 처지를 원망한다. 하지만 원망한들 무슨 소용이 있는가? 원망은 자신의 운명을 바꾸지 못할뿐더러 당신을 더욱 의기소침하게 만들 것이다. 뿐만 아니라 과거의 불행을 되풀이하게 하고, 부정적인 생각과 불만을 더욱 가중시킬 것이다. 원망이 많은 사람은 자신을 잘 모르며, 자신의 부족함을 인정하지 않은 채, 그저 원망만 늘어놓기 때문에 남들에게 무시당한다.

원망은 사람들의 사고와 가치관에 큰 영향을 미친다. 원망은 의미 없는 잠꼬대 같아서 많이 해봤자 소용이 없다. 오히려 기회만 놓치고 성과를 내지 못하게 할 뿐이다. 원망은 인성의 눈을 멀게 할 뿐만 아니라, 인성의 악성종양과도 같다.

마오쩌둥은 다음과 같이 말했다.

"원망은 슬픔을 이기게 하지만 인생은 긴 여정이므로 멀리 내다봐야 한다. 비인기 전공이라고, 명문대가 아니라고, 살고 있는 집이 허름하다고, 남자 친구가 가난하다고, 여자 친구가 못생겼다고, 부모님이 자상하지 않다고, 좋은 직장이 아닌 데다 월급도 적다고, 특별한 기술이 없어 남들이 자신을 알아주지 않는다고 원망하지 마라. 살면서 뜻대로 되지 않는 일이 있더라도 원망하지 말고 꿋꿋이 살자. 삶이 자신에게 시련을 주더라도 딛고 일어서서 인생의 정상에 올라서라. 세상은 당신이 어느 위치에 있느냐를 볼 뿐 당신이 거인의 어깨를 밟고 있는지 아니면 쓰레기를 밟고 있는지는 신경 쓰지 않는다. 환경을 원망하지 말고 남을 부러워하지도 마라. 못에 가서 물고기를 탐내기보다는 물러나 그물을 던지는 것이 더 낫다. 철저히 준비하여 자신을 위한 땅을 가꾸어나가라.

059

인성의 지렛목 선과 악

인성에는 선과, 악, 천사와 악마가 공존하고 있다. 사람은 반드시 악을 버리고 선을 행함으로써 밝은 미래를 만들어야 한다.

조련사가 어릴 때부터 줄곧 채소만 먹여온 호랑이가 있었다. 고기맛을 전혀 모르는 호랑이는 사람을 공격하거나 다치게 한 적이 없었다. 그러던 어느 날, 조련사는 치명적인 실수를 저지르고 말았다. 넘어져 다치면서 피를 흘렸는데 호랑이가 땅바닥에 묻은 자신의 피를 핥아먹도록 그대로 두었던 것이다. 조련사는 다음에 벌어질 상황에 대해서는 전혀 예상하지 못했다. 호랑이는 바닥의 피를 다 핥아먹은 뒤, 육식동물의 본성이 되살아나 조련사를 잡아먹었다.

천리 길에 달하는 큰 제방도 개미구멍 하나로 무너진다고 했다. 새끼 때부터 채소만 먹은 호랑이는 고기맛을 몰라 사람을 해치지는 않으나 환경이 바뀌어 피맛을 보면서 본성이 되살아나 자신을 키워준 조련사를 잡아먹고 말았다. 인간이 호랑이와 다를 게 뭐가 있는가? 정상적인 사람도 외부 환경과 심적 변화로 완전 딴사람이 되거나 범죄자가 될 수 있다.

인성에는 선과 악, 천사와 악마가 공존하고 있다. 우리는 시시각각 자신을 반성하고 긍정적인 면은 부각하고, 부정적인 면은 최대한 억제함으로써 평생 후회할 실수는 하지 말아야 한다.

삼국시대 유비劉備는 아들 유선劉禪에게 이런 말을 남겼다.

"악은 아무리 작아도 행하지 말고 선은 아무리 작더라도 반드시 행해야 한다."

사물은 외적인 변화로부터 내적인 변화로 발전해나간다. 작은 악행을 제때 저지하지 못하면 큰 후환을 겪게 될 것이다. 소개된 이야기 속 비극도 사소한 일이지만 호랑이가 땅바닥의 작은 혈흔을 맛보았기 때문에 빚어진 결과다.

범죄자들의 범죄는 대부분 작은 악행에서 출발한다. 절도범은 어릴 적의 작은 절도 행각을 제때 저지하지 못했기 때문에 감옥 신세까지 지는 것이며 횡령범은 적은 양에서 점점 양이 늘어나면서 타락해간 것이다. 매춘부와 마약중독자들도 처음엔 아무것도 아니라는 경솔함으로 시작했다가 결국 스스로 헤어나지 못하는 지경까지 오게 된 것이다. 사람이 한번 자제력을 잃으면 악에 의해 지배되고, 타락하면 끔찍한 결과를 초래한다. 그 결과 영원히 돌이킬 수 없는 나락으로 빠지게 된다. 아무리 작은 악이라도 제거하지 않으면 큰 후환이 되기 때문에 결코 행해서는 안 되며, 경미한 수준일 때 더 이상 커지지 않도록 예방해야 한다.

그렇다면 자신의 행위가 모순되거나 자신의 행동으로 곤란한 상황에 처하면 구체적으로 어떻게 선을 행해야 할까?

먼저 우리 자신을 반성해야 한다. "나는 하루에도 여러 번 자신을 반성했다"라는 옛말이 있다. 악행을 줄이고 내적인 변화를 방지하고자 한다면 늘 자신을 반성해 악습이 몸에 배지 않도록 해야 한다는 뜻이다. 반성하는 것 외에도 선은 아무리 작더라도 행해야 한다. 자신이 할 수 있는 최대의 범위 내에서 선행을 하고 바람직한 습관을 길러 자신의 자질과 소양을 향상시켜야 한다. 선행을 통한 내적인 변화를 이룬다면, 사회는 더욱 밝아지고 사람은 더욱 밝은 내일로 향해 갈 수 있을 것이다.

060
칭찬의 힘

사람은 누구나 인정받고 싶어 한다. 칭찬은 사람들의 이런 점을 만족시켜줄 수 있다.

옛날에 진실만을 말하는 사람과 거짓말만 하는 사람이 있었다.

어느 날 그들은 우연히 원숭이 왕국에 가게 되었다.

자칭 국왕이라는 원숭이가 수하들에게 두 사람을 잡아오라고 명했다. 원숭이는 두 사람에게 자신을 본 소감이 어떤지를 묻기 위해 인간들이 조정에서 하는 것처럼 원숭이들을 좌우 두 줄로 늘어서게 하고, 중간에 자신의 자리를 만들라고 명령했다.

준비가 되자 원숭이는 두 사람을 끌고 오라고 명하고 두 사람에게 물었다.

"너희가 보기에 나는 어떤 왕이냐?"

거짓말을 잘하는 사람이 대답했다.

"제가 보기엔 위엄 있는 왕인 것 같습니다."

"저기 서 있는 원숭이들은 어떻게 보이느냐?"

그는 재빨리 말했다.

"그들은 대사와 장수의 소임을 능히 감당해낼 만한 왕국의 인재들로 보입니다."

원숭이 왕과 그의 수하들은 이 말을 듣고 너무 기뻐 아첨을 잘하는 사람에게 많은 선물을 주었다. 진실만 이야기하는 사람은 이런 상황을 보고 속으로 '사탕 발린 거짓말로 저렇게 많은 선물을 받았으니, 평소대로 진실을 얘기한다면 난 더 많은 선물을 받을 수 있겠지'라고 생각했다.

그때 원숭이 왕이 그를 바라보며 물었다.

"네가 보기에 나와 수하들이 어떻게 보이느냐?"

"당신과 수하들은 똑똑한 원숭이일 것 같습니다."

화려하게 꾸민 말을 들으며 왕으로 대접받길 기대했던 원숭이 왕은 그의 너무나 평범하고 솔직한 말에 화가 나 그를 감옥에 가두고 3일 동안 먹을 것을 주지 않았다.

모든 사람들은 남에게 비난이 아닌 칭찬을 받고 싶어 하는데 이것이 인성의 특징이다. 어느 철학자는 "인간은 논리적인 동물이 아니라 감정의 동물이다. 인간의 논리는 아주 작은 조각배처럼, 아득하고 거센 파도가 몰아치는 감정의 바다를 떠돌고 있다"라고 했다.

일상생활에서 예를 들어보자. 한 여자가 질이 좋지 않은 옷을 비싸게 사서 크게 후회했다. 그런데 어떤 사람이 그녀에게 옷이 비싸기만 하고 질은 나쁘다고 말하자 그녀는 그 사실을 강하게 부정했다. 만약 그가 옷이 괜찮아 보인다고 말했다면 그녀는 비싸게 샀다는 사실을 인정했을 것이다. 그녀가 강하게 부정한 이유는 옷이 마음에 들어서가 아니라 자신의 어리석은 행동을 인정하기 싫고 남들에게 어리석은 사람으로 보여지기 싫어서이다.

그렇다면 사람들은 왜 칭찬은 듣고 싶어 하고 비난은 듣기 싫어할까? 브랜다이스 대학 교수인 매슬로의 욕구이론에 따르면 인간에게는 모두 존중받고 싶어 하는 욕구가 있다. 즉 지위, 권세, 신뢰에 대한 욕구와 명예와 명망에 대한 욕구, 그리고 신분, 권력, 존중에 대한 욕구가 있는데 칭찬은 인간의 이러한 욕구를 가장 확실하게 만족시켜준다.

심리학자들이 지적한 것처럼 사람은 누구나 인정받고 싶어 하는 욕구가 있기 때문에 자신의 가치가 인정받았다고 생각되면 기뻐서 어쩔 줄 몰라한다. 하지만 이런 욕구가 자신에 대한 이성적인 판단과 충동할 경우에는 객관적인 자아 인식능력이 제대로 발휘되지 못한다.

인정받고 싶은 욕구 때문에 사람들은 이상적인 자아를 현실의 자아로 여기며 만족해한다. 북제北齊의 안지추顔之推가 지은 『안씨가훈顔氏家訓』에 이런 이야기가 있다. 병주(并州, 지금의 산시[山西산서])에 사대부의 자제가 있었는데, 그는 시와 부(賦, 시와 산문의 성격을 모두 갖춘 독특한 문학 형식)를 짓기 좋아하였으나 성격이 비루했다. 사람들이 그를 놀리려고 거짓으로 칭찬했는데, 그는 그 말을 곧이곧대로 믿고 술자리를 마련하려고 했다. 그의 아내가 울면서 제발 웃음거리가 되는 일은 하지 말라고 부탁하자 그가 한탄하며 말했다.

"아내가 내 재주를 인정하지 않는데 살아서 무엇하랴!"

좀 극단적인 예이긴 하지만 이렇게 근거 없는 자부심을 앞세워 자신을 제대로 판단하지 못하는 사람이 우리 주변에도 많다. 아마 우리 자신도 어느 정도 이런 단점을 가지고 있을 것이다.

사람은 신이 아니기 때문에 누구나 실수를 할 수 있다. 타인의 비판은 자신의 단점을 발견할 수 있는 좋은 방법이므로 우리는 기쁜 마음으로 이를 받아들여야 한다. 보통 사람들은 남의 비판에 기분 나빠하지만, 지혜로운 사람들은 오히려 비판을 통해 새로운 것을 배운다. 나쁜 마음을 품고 우리를 비판하는 사람도 있겠지만 그가 비판하는 내용은 사실일 것이다. 그들의 비판을 통해 자신의 단점이 개선된다면 그보다 좋은 일이 어디 있겠는가. 그들의 비판이 아무 근거도 없고 허무맹랑할지라도 그들과 다툴 필요는 없다. 그저 일소에 부치고 '침묵의 힘'이 무엇인지 느껴보자.

061
자신보다 못한 사람을 무시하지 마라

최정상에 선 사람들도 때로는 쉽게 상처받고 무너질 수 있다. 자신보다 못한 사람을 존중하고 배려하라. 그래야 더 많은 지지를 얻을 수 있고, 정상에서도 고독하지 않을 것이다.

생쥐 한 마리가 잠든 사자의 등 위에 올라탔다. 잠에서 깬 사자는 생쥐를 잡아먹으려 했다. 생쥐는 살려달라고 애원하며 살려주면 은혜에 꼭 보답하겠다고 말했다. 사자는 가소롭다는 듯 웃었지만 생쥐를 살려주었다.

며칠 후 사자는 사냥꾼의 그물에 걸렸는데 도저히 혼자서 빠져나올 수가 없었다. 사자의 울부짖는 소리를 듣고 달려온 생쥐는 그물을 물어뜯어 사자를 구해주었다. 그리고 말했다.

"당신은 그때 저를 비웃으며 제 말을 믿지 않았지만 이제는 믿으시겠죠? 생쥐도 은혜를 갚을 수 있다는 사실을 말이에요."

자신보다 못하다고 하여 비웃지 말자. 때로는 자신보다 못한 사람의 도움으로 어려움을 해결할 수도 있으니.

실제로 우리는 자신보다 강하고 훌륭한 사람 앞에서는 좌절하고 질투심을 느끼지만 자신보다 못한 사람과 비교할 때는 우월감을 느끼고, 심지어는 유아독존의 모습까지 보인다.

사실 사람은 대체로 비슷하다. 기회와 시대적인 원인 때문에 사람의 운명이 달라지고 강자와 약자로 나뉘는 것뿐이다. 강자와 약자 사이에 절대적인 경계는 없다.

최정상에 선 사람이 가장 고독하고 쉽게 상처 입으며 가장 쉽게 무너질 수 있다. 그러므로 자신보다 능력 없고 직위가 낮으며 조건이 열악한 사람도 무시하지 않고 존중할 때, 자신을 이해하고 자신의 편이 되어주는 사람이 생길 것이고, 정상에서도 외롭지 않을 것이며 쉽게 무너지지도 않을 것이다. 그들을 존중하고 배려해야 더 많은 지지를 얻고 고독해지지도 않을 것이다.

『홍루몽紅樓夢』의 왕희봉王熙鳳과 유劉씨를 생각해보자. 왕희봉의 시댁인 가賈씨 집안이 번영했을 때 왕희봉은 자신의 권세로 유씨를 도와주었고, 가씨 집안이 망하자 반대로 유씨 부인이 왕희봉과 그녀의 어린 딸 교가巧哥를 돌봐주었다.

당신을 회사의 엘리트 사원이라고 가정해보자. 이 경우 신입사원과 부하직원을 무시하지 말고 도와주어라. 그들에게 업무의 노하우나 느낀 점 등을 잘 이야기해주고, 특히 중요한 순간에는 꼭 필요한 도움을 주어라. 이런 일은 당신에게는 사자가 생쥐를 놓아준 것처럼 아주 쉬운 일이다. 하지만 상대에게는 그야말로 사막의 오아시스처럼 느껴져 당신에게 대단히 고마워할 것이고, 어떻게 해서든 은혜에 보답하고자 할 것이다. 작은 노력으로 큰 보답을 얻을 수 있는데 마다할 이유가 어디 있겠는가?

062
욕심을 자제하라

자신만 사랑하고 남을 사랑할 줄 모르는 사람은 물질적으로는 부유할지 모르나 정신적으로는 가난할 것이다.

생쥐 세 마리가 작당하여 참기름을 훔쳐 먹기로 했다. 그들은 가까스로 참기름 통을 발견했는데 통은 너무 깊었고 기름도 조금밖에 남아 있지 않았다. 생쥐들은 참기름의 고소한 냄새만 맡아야 할 뿐 맛을 볼 수는 없었다. 참기름을 맛 볼 수 없다는 고통이 그들을 힘들게 했다. 생쥐들은 궁리 끝에 서로의 꼬리를 잡고 내려가 차례로 참기름을 먹기로 하였다.

운 좋게 제일 아래에 매달려 먼저 참기름을 맛보게 된 생쥐는 생각했다.

'참기름이 겨우 요것밖에 없는데 돌아가며 먹다간 오히려 감질나기만 할 거야. 오늘은 내가 운이 좋아 먼저 내려가게 됐으니 남 생각 말고 배불리 실컷 먹어야지.'

중간에 있는 생쥐도 생각했다.

'바닥에는 참기름이 조금밖에 없는데 첫 번째 쥐가 다 먹어버리면 난 그저 남 좋은 일만 시키는 꼴이잖아? 중간에서 고생하며 그럴 순 없지! 그래, 첫 번째 쥐를 놓아버리고 나도 내려가 실컷 먹자.'

맨 위쪽에 있던 쥐도 생각했다.

'참기름이 조금밖에 안 남았는데 앞의 두 쥐가 먹고 나면 남는 게 있을까? 그럴 바에야 저놈들을 놓아버리고 나 혼자 내려가 실컷 먹는 게 낫겠어.'

잠시 후, 중간에 있던 쥐가 인정사정없이 첫 번째 쥐의 꼬리를 놓아버렸고, 세 번째 쥐도 이에 뒤질세라 두 번째 쥐의 꼬리를 놓아버렸다. 그들은 차례로 바닥에 떨어져 온몸이 참기름 범벅이 되어 꼴이 엉망이었다. 게다가 바닥은 미끄럽고 통이 깊어 아무리 애를 써도 밖으로 나올 수 없었다. 그저 처량한 울음소리만이 통 안 가득 울려 퍼졌다.

이기심은 인간의 본성으로, 태어나면서부터 가지고 있던 '자아 보호'의 연장이자 그것이 발전된 형태다. 어느 철학자의 말처럼 육체에 존재하는 인성은 모두 이기적이다. 긍정적인 관점에서 볼 때 이기심은 인류 경쟁의 기초이며, 경쟁은 의지를 낳고 사회 발전을 촉진시킨다. 그러나 이기심은 대체로 쾌락의 추구나 이익의 극대화로 표출된다. 그래서 우리는 이기적인 사람을 싫어한다.

이기적인 사람들은 오직 어떻게 하면 자신의 이익을 더욱 극대화할 수 있을지만을 생각한다. 이기심은 인색함의 대명사다. 이기적인 사람들 중에는 양심과 동정심 그리고 이타심이 없는 사람이 많다. 그들은 언제나 자기 일에만 신경 쓸 뿐 남들이야 어찌 되든 상관하지 않는다. 그래서 자기 자신만을 사랑하고 남을 사랑할 줄 모르는 사람들은 물질적으로는 풍요로울지 모르나 정신적으로는 궁핍하다.

이기심은 탐욕으로 나아가는 전주곡과 같다. 이기적인 사람들은 이익에 대한 끝없는 욕망 때문에 타인의 이익을 가로채기 위해 수단과 방법을 가리지 않는다. 이기적인 사람들은 인간이 태어난 목적을 오직 부를 축적하고 삶을 즐기는 데 있다고 본다. 의무와 봉사는 도덕군자들의 이론일 뿐이고 남을 의식한 가식일 뿐이라고 생각한다. 이렇듯 이기적인 사람들은 언제나 자기중심적이고 이익을 최우선시한다. 이기적인 사람들의 인간관계 역시 돌멩이를 물에 던졌을 때 일어나는 물결의 파장처럼 자기중심적이다.

여곤呂坤은 "사람들이 대중의 이익을 중시하면 천하가 태평하지만 사람들이 자신의 이익만 꾀하면 천하는 혼란스러워진다"라고 했다.

모든 사람이 이기적이고 남을 생각하지 않는다면 세상은 어떻게 될까. 서로 의심하고 원망하고 갈등하며 전쟁을 일으켜 인류는 결국 멸망하고 말 것이다. 위기의 순간에 적나라하게 드러나는 이기심은 소름 끼칠 만큼 무섭다.

중국 연극 <동행同行>은 네 친구의 모험을 그리고 있다. 그들은 70km가 되는 여행길을 함께 가야 했는데, 그 길에는 온갖 위험이 도사리고 있었다. 여행 중에 '나그네'는 죽음을 무릅쓰고 '산까치'를 구해냈다. 그러나 동행한 다른 친구들은 살아남기 위해, 목숨이 위태로운 까치와 나그네의 망연자실한 눈빛을 뒤로한 채 강을 건너가 버렸다. 아마 나그네는 위기에 대한 두려움보다 이기적인 인성에 대한 공포가 더 컸을 것이다.

선은 아무리 작더라도 반드시 행해야 하고 악은 아무리 작더라도 결코 행해서는 안 된다. 역지사지의 마음과 아량, 이해하는 마음으로 상대방의 입장에서 생각한다면 세상은 웃음이 넘쳐나고 좋은 일만 가득할 것이다. 인간의 후천적인 노력, 자기반성으로 일궈낸 '희생정신'과 '봉사정신'은 우리의 이기적인 본성을 억제할 것이다.

063
잔소리는 사랑의 무덤

여성은 천성적으로 잔소리를 많이 한다. 잔소리는 가정의 행복을 깨는 암초이자 감정을 상하게 하는 원흉과 같다.

남편이 요리를 하고 있는 아내 곁에서 쉬지 않고 잔소리를 했다.

"천천히 해. 조심해! 불이 너무 세잖아. 빨리 생선 뒤집어. 기름이 너무 많아, 좀 덜어내! 두부는 가지런히 놔야지!"

참다 못한 아내가 한마디했다.

"잠자코 좀 있어요! 안 가르쳐도 다 할 줄 안다고요!"

그제야 남편이 부드럽게 말했다.

"당신이 잘하는 거야 나도 알지. 다만 내가 운전할 때 당신이 옆에서 잔소리하는 게 어떤 느낌인지 당신도 알았으면 해서 말야."

그칠 줄 모르는 잔소리는 지옥의 마귀처럼 가정의 화목과 진실한 사랑의 감정에 금이 가게 한다. 우리는 무의식적으로 이런 잘못을 저지르며 엄청난 대가를 치른 후에야 잔소리의 파괴력이 얼마나 무서운지를 깨닫게 된다. 하지만 그때는 이미 늦는다.

'아내를 얻으면 평생 잔소리 속에서 살아야 한다'는 말이 있다. 이 말이 100% 맞다고는 할 수 없지만 어느 정도 현실의 문제를 반영하고 있다. 남자는 아내가 필요하지 잔소리가 필요한 것이 아니다. 그런데 여자들은 천성적으로 수다쟁이들이다. 여자들은 자기중심적이어서 남편이 항상 자신만 바라보고 자신의 생각대로 살기를 바란다. 그러나 남자들, 특히 고상한 남자들은 이런 생각을 무시하고 경멸한다. 그 결과, 감정에 금이 가기 시작한다. 여자들은 화내고 욕하고 울며불며, 심지어 죽겠다고 협박까지 한다. 하지만 아내의 잔소리가 심해질수록 남편의 반감은 더 커지고 부부 사이에 감정의 골이 깊어지면, 대부분 이혼이라는 극단적인 방법으로 치닫는다.

프랑스 국왕 나폴레옹 3세와 그의 부인은 건강, 권력, 명성, 외모 등 결혼에 필요한 모든 조건을 갖추고 있었다. 하지만 이렇게 완벽한 조건도 아내의 그칠 줄 모르는 잔소리에 점점 빛을 잃어갔다. 부인은 늘 남편을 원망했고 끊임없이 욕설을 퍼부어댔다. 싸우고 나서 그녀가 얻은 것은 무엇일까? 나폴레옹은 해만 지면 궁전 뒷문으로 몰래 빠져나가 그를 기다리고 있는 아름다운 여인과 정을 나누었고, 시종들의 호위하에 파리 성내의 야경을 감상했다. 이것이 바로 나폴레옹 부인의 끝없는 잔소리가 빚은 결과다.

무슨 일이든 상대를 용서하면 문제가 해결되듯 사랑도 마찬가지다. 당신이 진정으로 상대방의 입장에서 문제를 바라보고 생각한다면 사랑도 그렇게 쉽게 무너지지는 않을 것이다. 남자에게는 아내가 필요하지 잔소리가 필요한 것이 아니라는 사실을 명심하자.

064
신념의 힘

신념만 가지고 살 수는 없지만 신념이 없는 삶은 더욱 끔찍하다.

개미 두 마리가 친구의 시신을 들것에 실어 먼 곳으로 옮기고 있었다. 축축하게 젖은 숲 속 작은 길을 따라 힘을 합쳐 힘겹게 나아갈 때 개미들은 몇 번의 넘어질 고비를 넘기면서도 시신이 들것에서 떨어지지 않도록 애썼다. 개미들의 머릿속엔 오직 친구의 시신을 영원히 안식할 수 있는 곳으로 옮겨야겠다는 생각밖에 없었다. 작은 개미에게 이 일은 하늘을 오르는 것만큼이나 힘들었지만 굳은 신념이 있었기에 그들은 시신을 하늘과 가장 가까운 곳에 묻을 수 있었다.

중국 사람들은 분수를 모르는 사람을 개미에 빗대어 말한다. 하지만 우리는 개미를 통해 신념의 힘을 느낄 수 있다.

신념은 위대한 힘을 가지고 있다. 신념만 가지고 살 수는 없지만 신념이 없는 삶은 더욱 끔찍하다. 살다보면 누구나 시련과 좌절을 겪는다. 그때 굳은 신념이 없다면 냉혹한 현실 앞에서 고통과 슬픔으로 무너지게 된다. 그러나 굳은 신념이 있는 사람은 스스로 시련을 극복할 용기를 길러 시련이 닥쳐도 포기하지 않고 이겨낸다. 신념은 어떤 일에 자신이 있다는 생각이나 의식에 불과하지만, 이를 행동으로 실천한다면 신념의 매력과 가치를 충분히 구현해낼 수 있다.

우리 주위에는 처음부터 행복한 삶을 누리는 사람들이 많다. 그러나 그들도 갑작스런 사고나 질병으로 고통의 나락으로 떨어지기도 한다. 그런 상황에서는 평생의 장애나 한 치 앞도 알 수 없는 위태로운 생명이 그들을 기다릴 뿐이다. 이런 두려운 현실 앞에 사람들은 몸부림칠 것이다. 극도의 공포는 그들의 생각을 왜곡시키고 삶의 참모습과 의미를 깨닫지 못하게 한다. 다만, 같은 불행에 처해도 냉정을 잃지 않고 신념의 힘을 통해 적극적으로 자신을 발전시키고 꿈을 실현해나가는 사람도 있을 것이다.

성공한 사업가 카네기는 "모든 기적에는 시종일관 변치 않는 신념이 있으며, 자신의 신념을 굳게 믿고 그것을 더욱 굳건히 하는 것이 성공으로 나아가는 지름길이다"라고 말했다. 평상심을 갖고 신념에 따라 최선을 다한다면 성공은 반드시 당신의 것이 될 것이다.

아무리 혼란스러운 상황이라도 마음속에 항상 꺼지지 않는 불꽃을 간직하고 있어야 한다.

카네기가 한 말을 우리의 좌우명으로 삼자! 신념과 이성, 열정과 침착함을 갖자. 그러면 아무리 큰 시련과 고통이 닥쳐도 절망하거나 포기하지 않을 것이다.

065
이성을 잃지 마라

재난을 당하더라도 이성을 잃지 않으면 침착하게 대처할 수 있고, 항상 웃을 수 있다.

사냥꾼에게 잡힌 사자 한 마리가 우리 속에 갇혀 왔다 갔다 하자, 모기 한 마리가 날아와 물었다.

"거기서 뭐하세요?"

"도망갈 방법을 생각하고 있는 중이야."

도망갈 방법을 찾지 못한 사자는 누워서 쉬다가 일어나 서성였다.

"사자 대왕님, 지금은 또 뭘 생각하시는 거죠?"

모기가 묻자 사자는 "무슨 생각하냐고? 도망갈 방법을 못 찾았으니 누워 쉬면서 기회를 기다리는 거야"라고 대답했다. 그러나 사자를 기다리는 것은 도망갈 기회가 아니라 죽음이었다. 사냥꾼이 사자를 죽여 그 가죽을 내다팔려고 했기 때문이다. 모기가 사자에게 말했다.

"사냥꾼이 대왕님을 죽이려 한다는 사실은 알고 계시죠?

사자가 말했다.

"알고 있어! 그가 뭘 하는지, 무슨 생각을 하는지 다 안다구!"

살다보면 우리는 불의의 사고와 시련을 겪게 된다. 이때 어떤 사람들은 태연하게 대처하며 항상 침착함과 웃음을 잃지 않는다. 그러나 어떤 사람들은 작은 시련도 견디지 못하고 좌절한 채 어리석은 행동을 한다. 똑같은 상황인데도 왜 사람마다 반응이 다른지를 살펴보면, 한쪽은 이성을 잃었고 다른 한쪽은 이성을 잃지 않으려고 노력했기 때문이다. 사자는 희망이 없는 상황에서도 이성을 잃지 않으려고 노력했다. 침착함이 사자를 우리에서 구해주지는 않았지만, 이성을 잃지 않았기 때문에 불필요한 걱정과 고민을 덜 수 있었던 것이다.

이성적인 상태에서는 환경의 변화를 이해하고 원인을 파악할 수 있다. 어떤 상황에서도 당황하지 말고 마음을 침착하게 가라앉히고 다음에 취할 행동을 생각하라. 그러면 행동의 결과와 그 의미를 파악하게 될 것이다.

이성적인 마음은 자신을 옭아매는 두려움과 고민이 자신의 느낌과 상상에 불과하며 실제 상황은 자신이 상상하는 것보다는 훨씬 낫다는 사실을 깨닫게 해준다. 그러면 문제를 해결할 수 있는 방법을 찾게 될지도 모른다. 설사 자신이 아무것도 바꾸지 못한다 하더라도 이성적으로 사고해야 한다.

이성적인 상태를 유지하는 일은 결코 쉽지 않다. 그러나 모든 일이 이미 벌어졌다해도 이성을 잃지 않는다면 초조하지도 않고, 불안하지도 않으며 오히려 웃을 수 있다. 곤경에 처했거나 분노, 공포, 질투, 원망으로 감정을 조절하지 못해 이성을 잃는다면 그렇지 않아도 복잡한 생활에 공허함과 고민만 더해질 것이다.

066
자유를 포함한 사랑
그 사람을 사랑한다면 그에게 자유를 주어라.

새장 속에 새 한 마리가 있었는데 왔다 갔다 하는 폼이 아주 불안해 보였다.

"주인님, 절 풀어주세요! 바깥세상은 정말 아름다울 거 같아요."

주인은 깜짝 놀랐다.

"어떻게 그런 위험한 생각을 하니? 네가 무슨 말을 하고 있는 줄 알기나 해? 그런 쓸데없는 생각일랑 당장 거두거라!"

"주인님이 저에게 얼마나 잘해주시는지 저도 잘 알아요. 하지만 여기 있으면 숨이 막혀 죽을 것 같아요."

새는 주인의 말을 듣고도 생각을 바꾸지 않았다.

"뭐가 널 그렇게 숨 막히게 하지? 이곳만 한 데도 없단다. 고양이가 괴롭히지도 않지, 독수리가 노리지도 않지, 여기보다 자유로운 곳은 없다구. 먹고 싶으면 먹고, 자고 싶으면 자고, 노래하고 싶으면 노래하고, 얼마나 자유롭니? 바깥세상은 위험이 도사리고 있단다. 네가 나간다면 며칠도 안 돼 다른 동물의 사냥감이 되고 말거야."

주인은 노파심에 거듭 충고했다.

새는 슬픈 눈으로 창밖만 바라볼 뿐 먹지도 자지도 않으며 점점 야위어갔다. 이를 지켜보며 가슴 아파하던 주인이 더 큰 새장을 사왔다.

"아가야 이것 좀 봐, 너의 새집이란다. 다 내 잘못이야. 네가 이렇게 많이 자랐다는 걸 몰랐으니……. 진작 새집을 사줬어야 했는데. 그동안 작은 새장에서 고생이 많았지. 자, 이리로 들어오렴. 이젠 자유롭지? 응?"

'자유'는 보기엔 쉬워 보이나 결코 쉬운 일이 아니며 인류가 추구하고 동경해온 것이다. 영국의 철학자 토머스 홉스는 자유는 인간의 자연적 상태라고 했다.

사람마다 자유에 대한 해석은 다르다. 주인은, 고양이의 날카로운 발톱도 독수리의 뾰족한 부리도 없고, 먹고 싶으면 먹고 자고 싶으면 자고 노래하고 싶으면 노래할 수 있으니 새가 정말로 자유로울 것이라 생각했다. 그러나 새는 결코 자신이 자유롭다고 생각하지 않았다. 새에게 자유는 '드넓은 바깥세상'이었기 때문이다.

영국 <선데이타임스>가 연재했던 만화를 보자. 새장에 살고 있던 생쥐가 화를 내며 주인에게 소리쳤다.

"제 변호사와 이야기 좀 하게 해주세요!"

정곡을 찌르는 말 아닌가.

자유를 추구하고 동경하는 것은 인간의 본성이며 누구나 자유를 누리고 싶어 한다. 그러나 우리는 사람과 사물을 너무 사랑한 나머지 그들을 지나치게 보호하는 가운데 그들이 마땅히 누려야 할 자유까지 무시하고 만다. 이렇게 지나친 사랑으로 상대방의 자유가 침해되면 그 사람의 사랑뿐만 아니라 그 사람까지도 잃고 만다.

부모는 자식을 조건 없이 사랑한다. 그래서 부모의 사랑을 찬미하는 아름다운 노래와 이야기들이 많다. 사람들은 '작은 태양'이라 떠받들어지는, 그저 원하기만 하면 무엇이든 얻을 수 있는 아이들이 분명 자유롭고 행복할 것이라고 생각한다. 그러나 정작 아이들은 부모의 지나친 사랑으로 자신들의 진정한 자유를 잃었다고 생각한다. 아이들은 옷 입기, 행동하기, 놀이하기, 음악 듣기, 책 읽기 등 모든 부문에서 자신이 좋아하는 일을 할 자유가 없고 부모가 정해준 대로 따라야 한다. 부모는 이렇게 해야 안심하는데, 실상 그들은 중요한 것을 놓치고 있다. 이런 사랑은 아이의 성장을 방해하는 새장 같은 것으로 아이의 자유, 자립심, 학습 능력을 제약한다. 그 결과 아이는 게으르고 이기적이며 제멋대로 행동하고 겁 많고 소심하며 그저 순종하기만 하는 아이로 자란다. 심한 경우 자폐증이나 우울증 같은 심리질환까지 앓게 된다.

사랑에 자유가 있는가? 물론 있다. 사랑은 본심에서 우러나온 행동이지 상대를 소유하려고 잘 보이기 위해 하는 행동이 아니다. 자신이 사랑하는 사람에게는 자유를 주어야 한다. 하루 종일 그를 감시하고 그의 영혼까지 소유하려 해서는 안 된다. 그에게는 당신과의 관계 외에도 친구와 동료와의 관계도 있다는 사실을 기억하자. 당신의 사랑이 지나치면 구속과 통제가 되어 그를 숨 막히게 할 것이다. TV드라마 〈낯선 사람과 이야기하지 말라(극중 주인공은 부모 없이 자라면서 세상으로부터 많은 상처를 입었다. 그는 첫 번째 부인에게 배신당한 경험 때문에 두 번째 부인을 소유하고 구속하려 했다. 부인을 때리기 전에 주인공은 항상 "낯선 사람과 이야기하지 말라"는 말을 했다. 주인공이 자살하기 전에 했던 말이 인상적인데 그가 폭력을 행사하고 살인을 한 것은 정신적인 문제 때문이 아니라 부인에 대한 지나친 사랑 때문이었다는 것이다〉를 본 사람들은 모두 이 말에 공감할 것이다.

사랑과 자유에 대한 아주 절묘한 비유가 있다.

'나는 하늘을 나는 연이 되고 싶다. 푸른 하늘을 날 수도 있고 당신의 보호도 받을 수 있으니까. 늘 당신 곁에 머물 순 없지만 항상 당신의 모든 것을 느낄 수 있고, 당신이 실을 감아 나를 소유할 수도 있다. 그러나 부탁컨대, 더러운 먼지가 나에게 묻지 않도록 해달라'

자유는 결코 마음 가는 대로 행동하고, 하고 싶은 대로 하는 것이 아니다. 자연적인 제약이든 인위적인 제약이든, 세상에 제약 없는 자유는 없다. 에덴동산의 아담과 이브도 자유인이었지만, 선악과의 과일을 먹을 수 없다는 하느님의 제약에 따라야 했다. 이렇듯 현실 생활 속 자유는 상대적인 것으로, 규범 안에서 자유롭게 행동해야 한다.

자유에는 신체적인 자유와 심리적인 자유가 있다. 심리적으로 자유롭지 못한 자에게는 자유를 주어도 이를 느끼지 못할 것이다.

옛날 황제들은 자유로웠을 것이다. 그러나 황제 본인은 자유롭지 않다고 여겼다. 그들은 때로 자신이 밭에서 땀 흘리며 일하는 농부보다도 못하다고 생각했다. 이렇듯 심리적인 자유는 신체적인 자유보다 더 중요하다. 진정으로 절대적인 자유는 우리 마음속에 있다.

그녀(그)를 사랑한다면 그녀(그)에게 자유를 주어라. 그렇게 해야 당신의 자녀가 건강하게 자랄 수 있고, 당신의 반려자도 즐거워할 것이며, 결국에는 당신 역시 행복해질 것이다.

067
고기 잡는 법을 배우고 남의 고기를 탐하지 마라

'고기를 주는 것보다 고기 잡는 법을 가르쳐주는 것이 낫다'는 이치를 깨닫고, 언제 '고기 잡는 법'을 배워야 할지를 깨닫자.

옛날에 생선을 아주 좋아하는 사람이 있었는데, 하루는 이웃 사람이 잡아온 물고기를 보고는 군침이 돌았다. 먹고 싶은 걸 참지 못한 그는 체면 불구하고 이웃집에 가서 생선 두 마리를 얻어왔다. 다음 날도 이웃을 찾아가니 이웃이 웃으며 생선 두 마리를 주었다. 셋째 날 그가 찾아갔을 때 이웃은 그에게 낚싯대와 '낚시 비법'이란 책을 주었다. 그는 화를 내며 말했다.

"생선을 달랬지, 누가 낚싯대와 낚시 책을 달라고 했어요? 쩨쩨한 거요, 아니면 바보요?"

사람들은 이야기 속 주인공에게 "바보 같은 사람아, 낚시 비법을 알고 있는 데다 낚싯대까지 있으면 낚시를 해서 항상 생선을 먹을 수 있잖나"라고 말하고 싶을 것이다. 그러나 실제로 많은 사람들이 '생선'만 생각하지 '생선 잡는 법을 배울 생각은 전혀 하지 않는다. 우리는 훌륭한 부모를 가진 사람, 엄청난 재산 상속을 받은 사람 그리고 똑똑하게 태어난 사람을 부러워하고 질투한다. 하지만 그렇게 부러워하며 허송세월만 보낼 뿐 결코 노력하거나 공부해 자신을 갈고닦으려고는 하지 않는다.

사람은 누구나 이런 나쁜 근성이 있다. 즉, 우리는 익숙하고 쉬운 일만 골라 하려 하고 힘들고 어려운 일은 하려고도 배우려고도 하지 않는다. 이야기 속 주인공은 이웃 사람의 말을 이해 못한 게 아니라 힘들게 배우기가 싫었던 것이다.

어느 유명한 기업가가 강연회에서 청중들에게 스케줄 리스트 하나를 보여주었다. 스케줄 리스트에서 일상 업무는 중요하면서 급한 일, 중요하지만 급하지 않은 일, 중요하지는 않지만 급한 일, 중요하지도 급하지도 않은 일 등 네 가지로 나뉘어 있었다. 중요하면서 급한 일을 제일 먼저 처리해야 한다는 사실은 누구나 알고 있다. 그러나 중요하면서 급하지 않은 일과 중요하지 않지만 급한 일, 이 두 가지는 어떻게 구분하는가. 기업가는 업무를 분류하게 한 후 중요하지만 급하지 않은 일을 먼저 하라고 했다. 많은 사람들이 성공하지 못하는 이유는 그들이 중요하지 않으면서 급한 일을 먼저 선택하기 때문이라고 한다. 우리도 일상생활에서 그런 선택을 하고 있지는 않는가? 사람들이 급하지만 중요하지 않은 일을 먼저 선택하는 이유는 그런 일들이 간단하고 쉽기 때문이다. 중요하지만 급하지 않은 일은 우리에게 익숙하지 않고, 그래서 더 많은 노력과 인내심이 있어야 해낼 수 있기 때문이다.

해야 할 일을 습관적으로 선택한다면 성공할 수도 있고, 실패할 수도 있다. 그러나 습관적인 사고와 게으름을 버린다면 반드시 성공할 수 있다. 위의 기업가는 항상 남과 다른 선택을 했다. 바로 중요하지만 급하지 않은 일을 중요하지는 않지만 급한 일보다 먼저 한 것이다. 그래서 그는 성공할 수 있었다. 이처럼 이야기 속 주인공이 남에게 생선을 요구하는 대신 낚시를 배우는, 중요하고 어렵지만 급하지 않은 일을 선택했더라면 분명 생선에 대한 욕망은 충족됐을 것이다.

'고기를 주는 것보다 고기 잡는 법을 가르쳐주는 것이 낫다.'

모든 사람들이 이 점을 깨달아 남의 '고기'를 탐하지 말고 언제 '고기 잡는 법'을 배워야 할지를 깨닫기 바란다.

068
자신의 이익을 위해 남에게 피해를 주지 마라

남에게 피해를 주는 일은 인성의 어두운 면이 표출된 것으로, 이는 모든 사회악의 근원이 된다.

비싼 가죽 두루마기와 산해진미를 탐하는 사치스럽고 허영심 많은 부자가 있었다. 그는 자신의 부를 과시하고 싶어 은화로 천 냥이나 하는 가죽 두루마기를 만들어 입으려 했다. 긴 두루마기를 만들 만한 가죽을 구할 수 없게 되자 그는 호랑이와 상의해 호랑이 가죽을 벗기려 했다. 그러나 부자의 말이 채 끝나기도 전에 호랑이는 뒤도 돌아보지 않고 깊은 산속으로 도망쳐버렸다.

한번은 그가 양고기 잔치를 벌이고 싶어 양과 상의해 양의 살을 자르려고 했다. 호랑이와 마찬가지로 양도 그 말을 듣자마자 바로 숲 속으로 들어가 꼭꼭 숨어버렸다. 결국 그는 양고기 잔치도 열 수 없었다.

"호랑이야, 호랑이야, 네 가죽을 벗겨도 되겠니? 양아, 양아, 네 살을 잘라도 되겠니?"라는 부자의 물음은 두 동물 모두 깊은 산속으로 숨어버리는 통에 대답조차 듣지 못했다. 부탁을 거절한 호랑이와 양이 냉정한 게 아니라 부자가 자신의 부를 과시하기 위해 그들을 이용하려 했던 마음이 잘못된 것이다. 가죽을 벗기고 살을 자르면 그들이 살 수 있었겠는가? 부자는 오직 자신이 꿈꿔온 가죽 두루마기와 양고기 잔치를 위해 상대방을 전혀 고려하지 않았기 때문에 자신의 뜻을 이루지 못했던 것이다.

부자의 처세술은 너무나 이기적이다. 고작 가죽 두루마기를 입고 양고기 잔치를 벌이기 위해 상대방의 가죽을 벗기고 살을 자르겠다는, 목숨을 빼앗는 끔찍한 일을 계획하다니. 자신의 허영심을 채우기 위해 상대방에게 엄청난 희생을 강요한 꼴이다. 이러한 생각은 협력이 아니라 세상 만물을 자신을 위한 도구로 보는 극단적인 이기주의로 반드시 실패하게 되어 있다. 자신의 이익을 위해 남에게 피해를 주는 일은 인성의 어두운 면이 표출된 것으로 모든 사회악의 근원이 된다.

부자가 방법을 바꿔 "양아, 양아, 우리 힘을 합쳐 호랑이와 싸워볼까? 나는 가죽을 얻어서 좋고 너는 두 다리 뻗고 잘 수 있어 좋지 않겠니?" 혹은 "호랑이야, 호랑이야, 우리 함께 양을 사냥할까? 네게도 고기를 나눠줄게"라고 했더라면 부자의 부탁은 받아들여지고 쌍방이 이익을 보게 되었을 것이다.

'상생'이야말로 가장 효과적인 협력의 길이다. 다시 말해 쌍방의 이익에 기초를 둔 상생은 자신의 이익을 위해 남을 해치는 인성의 단점을 해결하는 가장 좋은 방법이다. 우리가 상생이라는 마음가짐으로 적을 대한다면 이기적이고 편협한 생각에서 벗어나 삶의 기쁨을 맛볼 수 있을 것이다.

069
우정을 배반한 비참한 말로

함께 먹고 마시고 노는 친구는 믿을 수 없으며 고난을 함께하는 친구만이 진정한 친구다.

어느 날 당나귀와 여우가 함께 사냥을 나갔다가 사자를 만났다. 여우는 위험을 직감하고 사자에게 다가가 자신을 살려주면 당나귀를 재물로 바치겠다고 제안했다. 사자가 승낙하자 여우는 당나귀를 속여 함정에 빠뜨렸다. 사자는 당나귀가 더이상 도망갈 수 없음을 알고, 먼저 여우를 잡아먹고 나서 당나귀를 해치웠다.

여우는 위기에 처하자 당나귀와의 우정을 헌신짝 취급했고, 당나귀를 재물로 바쳐 살아날 궁리만 했다. 그리고 둘 다 잡아먹겠다는 사자의 속셈은 전혀 눈치 채지 못했다. 즉, 당나귀와 힘을 합쳐야 위기를 모면할 수 있다는 생각을 하지 못한 것이다. 당나귀가 죽자 여우는 상황이 더욱 불리해져 결국 화를 면할 수 없었다. 설사 여우가 이 한 번의 위기를 모면했더라도 이번

일을 계기로 다른 동물들에게 따돌림을 당하고 평생을 고통과 고독 속에서 살게 되었을 것이다. 친구를 팔고 우정을 배반한 자에게는 비참한 결과가 기다린다.

여우가 위기의 순간에 우정을 버린 것은 우정의 소중함을 몰랐기 때문이다. 우정이란 서로 관심을 가져주고 지지하며 그리워하는 것이다. 사람은 사회의 일원으로 타인과의 교류가 필요하고 이해, 관심, 감정의 교류가 필요하다. 다시 말해 우정은 인생에서 빛과 소금 같은 것이다.

진정한 우정은 시간이 흐를수록 더욱 깊어지는 것으로 소중히 여겨야 한다. 우정은 우리의 삶을 충만하고 조화롭게 하며 고독을 느끼지 않게 해주어 삶을 더욱 의미 있고 가치 있게 만든다.

다윈은 "명성, 명예, 기쁨, 부가 중요하다고 하지만 우정에 비하면 새털처럼 가벼운 것이다"라고 말했다.

우정을 배반하는 것은 부끄러운 짓이며 비참한 일이다. 위기를 모면하기 위해 우정을 버리는 사람은 다른 이들로부터 멸시를 당하고, 친구들 역시 그에게서 등을 돌릴 것이다. 이런 사람은 설사 친구를 사귀더라도 오래가지 못한다. 진정한 우정은 하루 이틀 만에 만들어지는 것이 아니라 많은 시련을 함께 이겨내는 가운데 만들어지기 때문이다. 우정을 배반한 사람은 비참해지고 주위의 이해와 관심도 잃게 된다. 고민이 있어도 털어놓을 친구가 없고, 성공해도 함께 기뻐해줄 친구가 없어 평생 고독 속에서 살게 될 것이다. 의지할 곳 없이 외롭고 고독한 모습이 얼마나 가련하고 비참한가?

자신의 이익을 위해 친구를 사귀어서는 안 된다. 그런 생각을 가진 사람은 위급한 순간에 친구를 배반할 우려가 있다. 나중에 도움이 될 듯한 친구라서 사귀는 것도 나쁜 행동이다. 친구는 도움을 주고받을 수 있어야 하기 때문에 도움만 받겠다는 마음으로 친구를 사귄다면 그 우정은 오래가지 못한다. 진정한 우정은 솔직하고 진실하며 서로 마음을 여는 것이다. 기만으로 맺어진 우정은 우정이 아니다.

"길이 멀어야 말馬의 힘을 알고, 사람은 지내봐야 안다"는 중국 속담이 있다. 진정한 우정은 수많은 시련 속에서도 변하지 않는다. 진정한 우정은 말만 가지고 되는 것이 아니며 반드시 행동이 뒤따라야 한다. 친구가 어려울 때 도움의 손길을 내밀어야 하고, 특히 친구가 위기에 처했을 때 자신의 일처럼 발 벗고 나설 수 있어야 한다.

함께 먹고 마시고 노는 친구는 믿을 수 없으며 고난을 함께하는 친구만이 진정한 친구다.

070
자신을 속이지 마라

마음에도 없는 말로 양심까지 속이며 자신과 남을 기만하지 말자. 삶은 반드시 솔직함을 기초로 해야 한다.

인생의 황혼기에 접어든 한 백만장자가 햇살 따뜻한 겨울날 산책을 하다가 담벼락에 기대어 햇볕을 쬐고 있는 유랑자를 보고 그에게 물었다.

"당신은 왜 일하지 않습니까?"

"왜 일해야 합니까?"

"돈을 벌 수 있으니까요."

"돈은 벌어서 뭐 합니까?"

"집도 사고 맛있는 음식도 먹고 가족들과 행복하게 살 수도 있으니까요."

"그 다음은요?"

"늙어서도 아무 걱정이 없죠. 저처럼 매일 한가로이 산책하며 햇볕을 쬘 수도 있고요."

"그럼 나는 지금 햇볕을 쬐고 있는 게 아니란 말이오?"

이것은 한 철학 애호가의 작품에 삽입된 이야기인데, 이 이야기를 통해 가난한 사람들은 마음의 위안을 얻을 수 있을 것이다. 이야기는 유랑자의 가장 평화로워 보이는 생활의 단면에 철학적 의미를 부여했다. 이야기 속 유랑자는 불행하기는커녕 오히려 부러움을 자아낸다. 그러나 부자가 "햇볕을 쪼이는 것이 생활의 전부입니까? 해가 지면 어떡합니까?"라고 반문했다면 유랑자는 어떻게 대답했을까?

자신을 속이고 남을 기만하지 말자. 인생을 행위 예술로 보고 자발적으로 유랑을 체험하는 소수의 사람을 제외한 보통 사람들은 노숙자, 유랑자 같은 상황에 처하게 되면 아마 견디지 못할 것이다. 이야기 속 유랑자가 가지고 싶은 것도 못 가진 채 담벼락에 기대어 자족하듯이 말이다. 사실 이것은 일종의 도피이며 무능과 나약함의 표출이다. 아직 많은 사람들이 창호지만큼이나 나약한 그리고 잘못된 인성에 눈이 멀어 가식적인 삶을 살고 있다.

자신을 속이고 남을 기만하는 일에 대해 증국번(曾國藩, 청나라 말기의 정치가 겸 학자)은 다음과 같이 분석했다.

"마음을 비워야 욕심이 생기지 않고 진실을 잊지 않을 수 있다. 진실을 은폐하는 사람은 그것을 속이는 일이라고 생각하지 않는다. 사람이 사람을 속이는 이유는 욕심 때문이다. 마음에 편견이 있으면 남에게 감히 말하지 못하고 거짓으로 속이게 된다. 마음에 욕심이 없다면 사람을 속일 이유가 없지 않겠는가? 자신을 속이는 사람 역시 마음에 욕심이 있기 때문이다. 진실이라는 말은 속이지 않는다는 뜻이다. 일을 진실하게 생각하고 처리해야 참되다 할 수 있고, 아첨하고 부화뇌동하는 것은 비루한 짓이다."

사람들이 자신과 남을 속이는 이유는 바로 이기심 때문이다. 먹고살기 위해 아부하고, 남의 칭찬을 듣고 싶어 하고, 자신을 뽐내는 일은 모두 이기심에서 비롯된다.

우리 주위에는 이런 일들이 비일비재하다. 흡연자들은 흡연이 건강에 해롭다는 사실을 알고 반성하면서도 한편으로는 흡연을 낙관적으로 보며 이렇게 말한다.

"장수하는 노인들도 담배를 피우지 않나? 그런데 굳이 금연할 필요까지 있을까? 담배를 피우면서도 장수할 수 있다고."

범죄의 길로 들어선 고위층 인사들의 잠재의식 속에도 자신과 남을 기만하는 심리가 내포되어 있다. 퇴직 때가 되면 그들 중 대부분은 '곧 있으면 퇴직인 데다가 아직 권력도 있고, 많은 사람들의 존경도 받고 있잖아. 이런 날 감히 누가 의심하겠어? 설령 내가 의심받을 짓을 했다 하더라도 난 곧 이 나라를 떠날 건데 조사가 제대로 될 리 없지'라는 생각에 빠져 대범하게 범죄를 저지르고 사리사욕을 채운다. 절대로 남을 속여서는 안 된다. 그리고 자신을 기만하는 일은 더더욱 안 된다. 그러나 가장 큰 문제는 이런 기만이 우리 사회 곳곳에 만연해 있으며 사람들의 뼛속까지 스며들어 우리의 사고방식과 행동 양식을 바꿔버렸다는 점이다.

그러면 자신을 속인다는 말은 무슨 뜻일까? 예를 들어 문학을 연구하는 학자나 교수들이 어떤 소설이나 시를, 실제로 좋은 작품이 아닌데도 훌륭하다고 칭찬했다고 하자. 만약 그들이 입으로 "훌륭해"를 연발하며 정말 말도 안 되는 온갖 자료를 인용하면서까지 호평한다면 그들 자신도 스스로의 행동에 속아넘어갈 것이다.

마음에도 없는 말로 양심까지 속이며 자신과 남을 기만하지 말자. 삶은 반드시 솔직함을 기초로 해야 한다. 진실하게 일하고 생활하면서 타인과 자신을 대하면 모든 문제가 근본적으로 해결될 것이다.

071
인간이 훌륭한 이유

사람은 본성이 시키는 대로 행동할 수 있지만 동시에 인성의 부정적인 면과 자신의 단점을
정확히 파악하여 적절한 때에 멈출 줄 알아야 한다.

어느 날 개미 한 마리가 걸어오는 코끼리를 보고 몰래 다리 한쪽을 뻗었
다. 옆에 있던 동물이 뭐 하는 거냐고 묻자, 개미가 말했다.

"쉿, 조용히 해! 코끼리 발을 걸어 넘어뜨리려는 거야."

말이 채 끝나기도 전에 개미는 코끼리의 발에 걸어차여 진흙탕에 빠졌고,
하마터면 죽을 뻔했다.

사람은 함부로 나서서 잘난 체하거나 자신의 능력을 과대평가해서는 안
된다. 잘하지도 못하고, 전혀 할 줄도 모르는 일을 억지로 할 경우 그 책임
은 결국 자신에게 돌아온다.

자신의 능력을 정확히 안다는 말은 자신이 감당할 수 있는 일인지, 자신
이 경쟁할 수 있는 상대인지를 정확히 분석함으로써 자신을 인식하는 것이

다. 자신을 정확히 아는 사람은 자신이 무엇을 해야 하고 하지 말아야 할지, 또 자신이 할 수 있는 일과 할 수 없는 일이 무엇인지를 정확히 안다.

일자리를 찾을 때, 자신을 정확히 안다면 자신이 가진 조건과 부합하지 않는 일은 단호하게 거절하고, 자신의 능력에 맞는 일을 찾아야 빨리 일에 적응할 수 있다. 자신을 잘 알수록 타인이 자신을 어떻게 평가하는지를 잘 알 수 있다. 현명한 사람은 자신의 한계를 잘 알고 있지만 어리석은 사람은 먼지가 묻어 흐릿한 거울을 보고 있는 것처럼 자신을 제대로 파악하지 못한다. 자신을 잘 모르는 것은 멸망을 자초하는 것과 다르지 않다.

어느 음반회사에 많은 소속가수들이 있었는데 그중 한 여가수는 예쁘지는 않지만 가창력이 뛰어나 회사에서도 나름 큰 기대를 걸고 있었다. 하지만 그 여가수는 몇 년간 성공과 실패를 반복하다 결국 사라지고 말았다. 이에 대해 그녀의 매니저가 말했다.

"내가 그렇게 열심히 노래하고 이상한 옷차림은 하지 말라고 했는데, 그녀는 자신은 외모가 50%, 실력이 50%라는 엉뚱한 소리만 했다."

그녀는 자신이 아주 예쁘다고 생각하고, 자신의 장점이 가창력이라는 사실을 몰라 스스로 파멸을 자초한 것이다.

고전 『추기풍제왕납간鄒忌諷齊王納諫』 속의 추기는 당시의 미남으로, 오늘날의 기준으로 봐도 대단히 준수했다. 한편, 성 북쪽에 살고 있던 서공徐公 역시 아주 잘생긴 남자였는데, 하루는 추기가 자신의 아내와 첩 그리고 손님들에게 다음과 같이 질문했다.

"나와 서공 중에 누가 더 잘생겼느냐?"

세 사람은 모두 추기가 더 잘생겼다고 말했다. 그러던 어느 날 추기는 서공을 만난 후 자신의 외모가 서공보다 못함을 알고 탄식했다. 그는 이 일에 대해 깊이 반성했다.

'아내는 나를 너무 사랑하기 때문에, 첩은 나를 두려워하기 때문에, 손님들은 나에게 부탁이 있기 때문에 그렇게 대답한 것이다.'

추기는 감정적으로 일을 처리하는 법이 없었고, 한쪽 말만 듣고 경솔한 판단을 하지도 않았다. 그는 사실을 있는 그대로 이야기함으로써 모든 이의 존경과 사랑을 받았다.

"인간의 훌륭한 점은 자신을 잘 아는 것이다"라는 중국 속담이 있다. 자신을 잘 아는 일은 쉬운 일이 아니다. 이를 위해선 삶의 경험과 지혜, 깨달음이 필요하다.

자신을 잘 아는 사람은 남들 앞에서 자신의 장점을 보여줄 수 있고, 단점을 억지로 숨기려 하지도 않는다. 자신을 잘 아는 사람은 필요할 경우 적극적으로 남에게 도움을 청하고 그것을 자신의 무능함이라 생각하지 않는다. 자신을 잘 아는 사람은 시련 앞에서는 쉽게 실패를 언급하지 않고 성공 앞에서는 우쭐거리지 않는다.

『녹정기』의 '위소보'는 일자무식에 무공도 제대로 구사하지 못하는 인물이었다. 그러나 그는 자기 자신을 잘 알고 있었기에 천지회와 강희제 사이를 오가는 교묘한 처세로 양쪽의 신임을 받아 부와 명예를 얻는다. 위소보가 우리와 동시대를 살고 있다면 그는 틀림없이 심리 전문가가 됐을 것이다. 인성에 대해 잘 알고 있었기 때문이다. 위소보는 결코 성공했다고 교만하게 굴지 않았다. 그는 자신의 열악한 조건 때문에 놀림을 많이 받았지만 타고난 끈기와 의지로 모든 동물적 본성을 극복해냈다. 그는 본성이 시키는 대로 했지만 인성의 어두운 면과 자신의 단점을 잘 알고 있었기에 멈춰야 할 때를 알았다. 그 결과 그는 더욱 분발하여 큰 성공을 거두었다.

072
생명의 유연함을 간직하라

'지극히 유연한 것은 유연한 것이 아니고 지극히 강한 것은 강한 것이 아니다.' 강인함과 유연함을 함께 갖추어야 한다.

갈대와 고무나무는 서로 자기가 더 강하다며 한 치의 양보도 없이 싸우고 있었다. 고무나무는 바람이 조금만 불어도 쓰러지는 갈대가 무슨 힘이 있냐며 비난했다. 마침 갈대가 반박하려 할 때 갑자기 강풍이 불어왔다. 갈대는 허리를 굽히고 바람에 몸을 맡겨 뿌리가 뽑히는 것을 막을 수 있었다. 하지만 바람에 꼿꼿이 맞선 고무나무는 뿌리째 뽑혀버렸다.

고무나무는 왜 쓰러진 것일까? 강풍에 맞설 용기는 있었지만 유연함이 없었기 때문이다. 그러나 갈대는 유연함이 있었기 때문에 화를 면할 수 있었다. 이 이야기를 통해 인성의 강함과 유연함을 생각해볼 수 있다. 강함을 추구해야 하는가, 아니면 유연함을 지녀야 하는가를.

문화혁명 당시, 잘못된 정책으로 인해 많은 젊은 지식인들이 무고하게 목숨을 잃었다. 어떤 이들은 부당한 대우에 참지 못하고 자살이라는 극단적인 방법을 택했다. 하지만 똑같은 상황이지만 다른 모습을 보여준 이도 있다. 첸중수[錢鍾書전종서]의 부인 양장[楊絳양강] 여사도 문화혁명 당시 다른 지식인들처럼 부당한 대우와 갖은 핍박을 받았다. 그러나 그녀는 항상 낙관적인 태도로 고통 속에서도 희망을 찾으려 했다. 역경 속에서 융통성과 유연함을 발휘하여 당시의 상황을 견뎌냈으며 당시의 삶을 소재로 한 우수한 작품을 많이 남겼다.

우리는 강함뿐만 아니라 유연함도 가져야 한다. 그래야 어떤 환경에 처하더라도 꿋꿋하게 살아갈 수 있다. 유연함은 누구나 가지고 있는 선천적인 것이지만 그것을 발휘하기 위해서는 후천적인 노력이 필요하다. 그것은 밀가루 반죽과도 같다. 밀가루에 물을 넣고 몇 번 치대다 말면 밀가루는 뭉쳐지지 않는다. 그러나 천 번, 만 번 계속 치대다보면 밀가루에 점성이 생겨 쉽게 뭉친다. 인생을 살아갈 때도 생활 속에서 끊임없이 자신을 단련시켜야 삶의 유연함이 생겨 어떤 고통도 충분히 이겨내고 실패에도 좌절하지 않을 것이다.

현대사회의 경쟁이 갈수록 치열해짐에 따라 스트레스도 심해졌다. 끊임없이 증가하는 지식의 물결 속에서 도태되진 않을까 하는 두려움, 바쁜 생활로 교류와 소통이 단절되어 서로 간에 생긴 거리감, 정리해고 후 처자식과 부모를 부양해야 하는 스트레스 등이 우리를 힘들게 한다. 이런 것들을 견디지 못해 범죄를 저지르는 이도 있고, 자살로 현실을 도피하는 이도 있으며, 제멋대로 살아가는 이도 있다. 이런 비극이 생겨나는 이유는 바로 유연함과 인내심이 부족하기 때문이다. 실패와 고독, 시련과 충격을 견뎌낼 능력이 없다면 다른 능력이 아무리 강하고 훌륭하다해도 여지없이 무너질 수밖에 없다.

어떤 사람들은 고난을 직시할 줄 알고 시련이 닥쳐도 금방 이겨내리라 믿으며 자신을 끝까지 부정하지 않는다. 그들은 자신의 충만한 생명력과 열정, 강한 의지를 믿고 다시 시작하는 마음으로 차근차근 목표를 실천하여 새로운 인생을 펼쳐나간다. 삶의 유연함은 어떤 도전도 극복할 수 있도록 도울 뿐 아니라 나약한 인생을 강하게 만든다.

'지극히 유연한 것은 유연한 것이 아니고 지극히 강한 것도 강한 것이 아니다.' 강인함과 유연함을 함께 갖추어야 한다. 그래야 삶의 모진 풍파를 견디며 다시 웃을 수 있다.

073
금전과 부를 직시하라

진정으로 삶을 즐기고 싶다면 돈을 부려야지 돈의 노예가 되어서는 안 된다.

자신은 운이 없어서 재산을 모을 수 없다며 매일같이 울상을 짓고 사는 젊은이가 있었다. 하루는 한 노인이 젊은이의 근심 어린 표정을 보고 물었다.

"젊은이, 왜 그렇게 기분이 안 좋은가?"

젊은이가 대답했다.

"저는 왜 이렇게 가난한지 모르겠어요."

"가난하다고? 내 눈엔 자네가 부자로 보이는데."

노인은 진심 어린 말투로 이야기했다.

"왜 그렇게 생각하시죠?"

젊은이는 이해가 안 간다는 듯 물었다.

노인은 대답은 않고 되물었다.

"내가 오늘 자네의 손가락 하나를 부러뜨리는 대가로 천 위안을 준다면 그렇게 하겠는가?"

"싫습니다."

"내가 자네의 한 손을 부러뜨리고 만 위안을 준다면 그렇게 하겠는가?"

"싫습니다."

"자네가 지금 당장 팔십 세 노인이 되겠다면 백만 위안을 주지. 그렇게 하겠는가?"

"싫습니다."

"자네가 당장 죽는다면 천만 위안을 줄 생각인데 그렇게 하겠는가?"

"싫습니다."

"거봐, 자네는 이미 천만 위안이 넘는 돈을 가지고 있는 셈이지 않나?"

노인은 그 말을 남긴 채 웃으며 떠났다. 그제야 무언가를 깨달은 젊은이는 더이상 불평을 늘어놓지 않았다.

우리는 자신의 가난을 원망하며 불안과 고통 속에서 어떻게 하면 돈을 벌수 있을지를 고민한다. 그러나 돈에 집착하면 욕심이 생겨 더 많이 가지려하고, 돈만 좇다보면 건강과 마음의 평정을 잃게 된다.

돈과 부에 대해 우리는 건전한 마음과 정확한 인식을 가져야 한다. 그렇지 않으면 아무리 돈이 많아도 행복하지 않을 것이고 돈을 어떻게 써야 할지 모를 것이다.

돈은 누구에게나 소중하다. 돈이 있으면 더 나은 삶을 살 수 있고, 더 많은 행동의 자유를 누릴 수 있으며, 자신이 하고 싶은 일도 할 수 있다. 그렇다고 돈에 너무 집착해서는 안 된다. 돈에 한번 눈이 멀면 돈의 노예가 되어삶의 방향을 잃기 때문이다. 사람이 돈에 집착하면 좀더 나은 삶을 보장하는 수단이었던 돈이 목적으로 변해 추한 삶을 살게 된다. 돈이 사랑, 신뢰, 가정, 건강, 행복보다 우선시되면 인간의 영혼은 피폐해지고 사고는 둔해져 이성적인 사람은 미치게 되고, 지혜롭던 사람은 어리석게 변한다. 따라서 우리는 반드시 돈을 직시할 줄 알아야 한다. 돈의 노예가 되지 않는 사람만이 행복을 누릴 수 있다.

영국의 한 갑부는 돈이 많았지만 결코 돈에 현혹되지 않았다. 돈에 집착하다 인생을 망친 사람을 여럿 보았기 때문이다. 다섯 명의 자식이 있었지만 그녀는 자신의 재산 130만 파운드를 교회와 아동복지사업에 바치겠다는 유언을 남겼다. 자식들에게는 한 푼도 남기지 않고 32명의 손자와 증손자에게만 오천 파운드씩 물려주었는데, 이유는 그들이 자신을 기억해주길 바랐기 때문이다. 그녀는 유언장에 이렇게 썼다.

"나는 내 가족을 사랑한다. 하지만 재산을 상속하면 내 가족에게 불행을 가져다줄 것이다. 난 자식들에게 재산을 남겨주고 싶지 않다. 내가 살아 있는 동안 그들은 이미 많은 부를 누렸고 최고의 교육을 받았기 때문이다. 그들이 내 뜻을 이해해주길 바란다."

돈이 없으면 아무것도 할 수 없지만 돈이 인생의 전부는 아니다. 진정으로 삶을 즐기고 싶다면 돈을 부려야지 돈의 노예가 되어서는 안 된다.

074
경쟁의 득과 실
경쟁하지 않는 자는 타락하고 경쟁을 남용하는 자는 불행해진다.

하느님이 어떤 사람과 약속을 했다.

"너에게 세 가지 소원을 들어주겠다. 단, 한 가지 조건이 있다. 네가 갖고 싶은 것을 얻었을 때 네 경쟁자는 너보다 두 배를 더 얻게 될 것이다."

이 조건을 듣고 그는 고민에 빠졌다. 경쟁자가 자신보다 두 배나 더 얻게 되는 일을 참을 수 없었기 때문이다. 곰곰이 생각한 끝에 그에게 좋은 묘안이 떠올랐다. 그는 하느님께 세 가지 소원을 말했다. 첫 번째는 세상에서 제일가는 부자가 되는 것이고, 두 번째는 세상에서 제일 아름다운 여인을 얻는 것이며, 세 번째는 자신을 죽을 만큼 때려달라는 것이었다.

사람의 경쟁의식이 얼마나 무서운 결과를 초래할 수 있는지를 잘 보여주는 이야기다. 경쟁심은 인간의 타고난 천성이다. 고통 속에서 기쁨을 느낄 때, 다음 인생을 준비할 때 당신은 언제 어디서나 직·간접적으로 경쟁의식을 느꼈을 것이다. 우리는 경쟁을 통해 삶의 감격과 인성을 이해하게 된다.

어느 부부가 이혼에 합의했다. 판결에 따라 남편은 아내에게 재산의 절반을 위자료로 줘야 했기에 집과 자동차를 팔기로 했다. 하지만 남편은 아내에게 많은 재산을 주는 게 아까워 몇 백만 달러짜리 자동차와 집을 10달러라는 헐값에 내놓았다. 아내는 말할 것도 없고 자신도 큰 손해를 보았는데, 이는 경쟁이 초래한 어이없는 결과다.

우리는 모두 자신이 남보다 강하길 바라고 경쟁자가 자신보다 강한 것을 참지 못한다. 즉, 사람들은 이권 다툼이 생기면 경쟁을 하고 양쪽이 함께 망하는 결과도 불사한다. 설령 양쪽 모두에게 이익이 있을지라도, 대부분의 사람들은 이야기 속 주인공처럼 경쟁하지, 상생하는 협력을 추구하지는 않는다. 심리학자들은 이런 반응을 '경쟁우위반응'이라고 한다.

심리학자들은 사람들이 공동의 이익이 있을 때도 경쟁을 선택하는 이유를 교류가 부족하기 때문이라고 말한다. 만약 양측이 사전에 이익 분배에 대해 의논하여 합의를 보았다면 협력의 가능성은 커질 것이다.

어느 심리학자가 다음과 같은 실험을 했다. 우선 실험에 참가한 학생들을 두 명씩 두 조로 나눈 뒤 서로 의논하지 못하게 한 상태에서 각자 자신이 받고 싶은 금액을 종이 위에 쓰게 했다. 두 사람이 적은 액수의 합이 100 혹은 100 이하가 되면 두 사람은 종이에 쓴 금액을 받게 될 것이고, 만약 100보다 클 경우, 예를 들어 120일 경우 그들은 심리학자에게 60위안씩을 주어야 했다. 실험결과 한 팀도 100 이하의 수를 적지 않아 모두 돈을 내야 했다. 실험에서 짝이 된 사람과 미리 의논을 할 수 있었더라면 결과는 완전히 달라졌을 것이다. 하지만 그렇게 어리석은 학자가 어디 있겠는가.

075
거짓말이 자신을 망친다

모든 거짓말에는 공통점이 있다. 바로 스스로 멈추지 못할 경우 대가를 치러야 한다는 사실
이다.

주인이 양치기에게 양 떼를 잘 지키라고 말했다.

"늑대가 나타나면 큰 소리로 고함을 쳐라. 그러면 근처에서 일하던 농부
들이 달려올 것이다."

양치기는 궁금했다.

'주인의 말이 사실일까? 한번 시험해봐야지.'

양치기는 큰 소리로 외쳤다.

"도와주세요! 도와주세요! 늑대가 양을 잡아먹으려고 해요."

근처에서 일하던 농부들은 이 소리를 듣고 하던 일을 멈추고 달려왔다.
양치기가 있는 곳까지 힘들게 달려와서야 그들은 양치기가 거짓말을 했다
는 사실을 알게 되었다. 화가 난 농부들이 왜 그랬냐고 묻자 양치기는 솔직
하게 대답했다.

"주인의 말이 진짜인지 궁금해서 한번 시험해봤어요."

농부들은 양치기가 아직 철이 없어 그런 거라 생각하며 용서해주었다.

"다음부터는 절대 장난치지 말거라."

양치기는 고개를 끄덕였다.

얼마 후, 양치기는 풀밭에서 평화롭게 풀을 뜯고 있는 양 떼들만 보고 있자니 너무 심심했다. 그때 자신의 고함 소리에 농부들이 헐레벌떡 달려오던 재미있는 장면이 생각났다. 그래서 소년은 또다시 큰 소리로 외쳤다.

"늑대가 나타났다! 늑대가 나타났다! 양들이 위험해요!"

양치기의 고함에 농부들은 일손을 놓고 부랴부랴 달려왔다. 또다시 양치기에게 속은 것을 안 농부들은 화가 나서 욕을 내뱉으며 돌아갔다.

그러던 어느 날, 진짜 늑대가 나타나 양들을 공격해왔다. 양치기는 너무 놀라 큰 소리로 외쳤다.

"늑대가 나타났다! 늑대가 나타났다! 양들이 위험해요! 빨리 양들을 구해주세요!"

농부들은 이번에도 양치기가 장난치는 것인 줄 알고 아무도 달려오지 않았다.

결국 늑대는 양 몇십 마리를 물어갔고, 양치기는 주인에게 죽을 만큼 얻어맞은 뒤 해고당했다.

거짓말에 대해 벤자민 프랭클린은 의미심장한 말을 남겼다.

"사람은 누구나 자신이 심은 대로 거둔다."

진실하지 못한 양치기는 남들에게 자신에 대한 신뢰를 방패 삼아 장난을 쳤다. 그 결과 양들은 늑대에게 잡아먹히고 자신은 해고당하는 비참한 일이 초래되었다.

거짓말은 사람이 자주 범하는 나쁜 습관이며 모든 사람이 범할 수 있다. 대부분의 사람들은 거짓말을 장사할 때 밑천이 필요하듯 살면서 꼭 필요한 것이라 생각한다. 그들은 거짓말을 통해서 얻는 단기적인 이익만 중시하기 때문에 거짓말과 속임수를 명예와 행복을 얻는 최고의 수단이라고 생각한다. 한순간의 기쁨 뒤에 열 배, 백 배 심지어 천 배에 달하는 대가를 치러야 한다는 사실을 모르고 있다는 것이 안타까울 뿐이다.

거짓말은 여러 가지 동기에서 비롯된다. 예를 들어 양치기같이 처음에는 몰라서 그랬지만 나중에는 심심해서 장난을 친 것처럼 말이다.

보통 사람들이 거짓말하는 이유는 자신의 이익 때문에 혹은 책임을 전가하거나 현실을 도피하기 위해서다. 하지만 거짓말로 남을 속이고 나면 당신은 곧 상대방의 신뢰를 잃게 될 것이다.

자신의 사기 행각이 드러나 평생 성공하지 못하는 사람, 거짓말하는 습관이 몸에 배어 삶 자체가 암담해진 사람, 사기가 버릇이 되어 친구와 타인의 신뢰를 잃은 사람 등 기회, 능력, 신뢰를 잃어서 생긴 손실은 결코 숫자로 계산할 수 없다. 속임수가 사람의 인격을 왜곡시키고 자존감과 자신감마저 잃게 할 수 있다는 사실은 아주 끔찍하다. 다시 말해 거짓말을 하면 자신감과 행동 원칙을 잃게 된다.

거짓말과 속임수 같은 잔기술로 행복을 얻으려는 헛된 망상을 품고 있다면 다음의 교훈을 기억하자. 모든 거짓말에는 공통점이 있다. 바로 스스로 멈추지 못할 경우 대가를 치러야 한다는 사실이다.